"一起向未来"
社会实践系列丛书

丛书主编　李岭涛　薛文婷　钟　海

历练之旅

服务北京冬奥会口述实录

夏　天　刘贺娟
郑珊珊　陈志生　主编

Together
for a Shared Future

中国国际广播出版社

图书在版编目（CIP）数据

历练之旅：服务北京冬奥会口述实录/夏天等主编.—北京：中国国际广播出版社，2022.11

（"一起向未来"社会实践系列丛书）

ISBN 978-7-5078-5256-1

Ⅰ.①历… Ⅱ.①夏… Ⅲ.①冬季奥运会－志愿者－社会服务－工作－北京 Ⅳ.①G811.212

中国版本图书馆CIP数据核字（2022）第209070号

历练之旅——服务北京冬奥会口述实录

主　　编	夏　天　刘贺娟　郑珊珊　陈志生
策划编辑	祝　晔　赵　芳
责任编辑	屈明飞
校　　对	张　娜
版式设计	邢秀娟
封面设计	赵冰波

出版发行	中国国际广播出版社有限公司［010-89508207（传真）］
社　　址	北京市丰台区榴乡路88号石榴中心2号楼1701
	邮编：100079
印　　刷	环球东方（北京）印务有限公司

开　　本	710×1000　1/16
字　　数	190千字
印　　张	16.5
版　　次	2023年4月 北京第一版
印　　次	2023年4月 第一次印刷
定　　价	58.00元

版权所有　盗版必究

"一起向未来"社会实践系列丛书编委会

主　　任：

李岭涛　薛文婷　钟海

执行主任：

陈志生　刘贺娟　夏天　郑珊珊

委　　员（按姓氏笔画排序）：

丁方卓	亓　鹏	丰华文	尹素伟	毕雪梅	任大方
刘　琳	刘　湜	刘亚平	刘庆振	刘贺娟	李　晶
李岭涛	肖　斌	吴　垠	佟　玲	宋　扬	宋　巍
张凌霄	张瑞桓	陆　虹	陈志生	罗姣姣	庞明慧
郑珊珊	赵盛楠	胡岑岑	钟　海	洪建平	贺幸辉
贾　静	夏　天	徐艺心	徐明明	高　歌	黄芦雷娅
梁　骏	路　鹃	薛文婷			

《历练之旅——服务北京冬奥会口述实录》编委会

主　　任：

夏　天　刘贺娟　郑珊珊　陈志生

副 主 任：

刘庆振　宋　巍　黄芦雷娅　亓　鹏　徐艺心　胡岑岑

常务委员：

杨震南　孔德凝　邹尚伯

委　　员（按姓氏笔画排序）：

孔德凝　庄天乙　许小龙　孙海燕　李秉昊　杨震南

邹尚伯　徐若菲　黄怡静　梁　琰　靳珂萌

序　言

　　2022年的2月，是属于全体中国人的冬奥记忆，是将中国的传统节日——春节与冰雪融为一体的难忘记忆。对我们来说，这个记忆中包括服务北京冬奥会的志愿者和赛时实习生的记忆。来自北京体育大学新闻与传播学院（简称新传学院）的数百名同学积极参与服务北京冬奥会实践活动，在这届无与伦比的冬奥盛会上展现出中国青年的风采。在本书中，15名同学将通过口述历史的形式，向我们展示一段段鲜活而又独特的服务冬奥经历。

　　北京体育大学新闻与传播学院学生服务北京冬奥会的队伍包括冬奥志愿者、在咪咕视频参与冬奥赛事转播解说工作的赛时实习生和国际奥委会所属OBS（奥林匹克广播服务公司）的BTP转播培训项目的赛时实习生，他们在不同的岗位上发光发热，共同服务北京冬奥会。同学们身在北京冬奥会各个场馆、赛场或报道前线，是冬奥会的参与者、见证者，也是赛事的观察者、报道者，他们具有书写北京冬奥会现场的不可替代的优势。在学院领导、老师的指挥和管理下，参与服务北京冬奥会的同学们在此期间有条不紊地完成个人服务冬奥工作日志，进行工作总结和相关资料的内容搜集等，为本书的编撰和整理工作打下了坚实的基础。

　　在北京冬奥会上，每一位参与服务冬奥的志愿者和赛时实习生都用自己的行动温暖和照亮了他人，为实现举办一届"简约、安全、精彩"的北京冬奥会贡献出不可或缺的力量。对于他们来说，这不仅是一次重要的服务冬奥工作，更是一次深刻的新闻实践活动，运用所学的新闻专业知识为冬奥服务。新传学院服务北京冬奥会的同学们在领导、老师的带领和指导下，不但成为冬奥会的参与者，而且成为奥运会发展进程的记录者，成为体育精神和奥运精神的传播者，增强了作为新闻专业学生的责任感和使命感，在脚力、眼力、脑力和笔力等方面得到了全方位的训练、锻炼和提高。

这是一段关于奉献的记忆，也是一段关于收获的记忆。将这份独特的记忆以口述历史的形式记录下来，不仅能够帮助服务北京冬奥会的同学们更好地珍藏这份记忆，为今后的工作和生活带来可以挖掘的无尽宝藏；而且也能够为社会大众深入了解北京冬奥会志愿者服务工作，为冬奥历史记忆画卷补充个体生命叙事做出贡献。

保尔·汤普逊曾说："口述历史用人民自己的语言把历史交还给了人民。它在展现过去的同时，也帮助人民自己动手建构自己的将来。"口述历史是对每个受访人的一次"心灵考古"，真诚平凡的语言记载着同学们不平凡的经历和故事，记载着他们每一次心灵的震动和丰盈，承载着他们最真挚的情绪和感受。相信这段服务冬奥的记忆能给大家带来感动和启发，成为未来漫漫人生长路上不竭的精神力量源泉！

目　录

001 做好一枚"冰之帆"的"螺丝钉"
　　　　——欧阳喆颖服务北京冬奥会口述实录

017 最难忘的冬天
　　　　——许小龙服务北京冬奥会口述实录

034 走出中国姑娘的自信从容
　　　　——赵溪雨服务北京冬奥会口述实录

052 追求卓越，志愿冬奥
　　　　——左登元服务北京冬奥会口述实录

067 在奋斗中实现冰雪梦想
　　　　——许蕾服务北京冬奥会口述实录

083 与世界上最优秀的摄影记者交流
　　　　——肖帅龙服务北京冬奥会口述实录

098 以我之声，筑北京冬奥梦
　　　　——李秉昊服务北京冬奥会口述实录

114 一位"新闻人"的"跨界"冬奥志愿者之行

  ——程小雨服务北京冬奥会口述实录

131 体会见证、参与和奉献的喜悦

  ——薛笑天服务北京冬奥会口述实录

148 荣幸成为北京冬奥会的一片雪花

  ——柴景涛服务北京冬奥会口述实录

165 人类团结之火的燃烧从未停止

  ——孙一敏服务北京冬奥会口述实录

184 那一抹最美的天霁蓝

  ——赵琪儿服务北京冬奥会口述实录

203 和冬奥"一起向未来"

  ——徐若寒服务北京冬奥会口述实录

221 冬奥逐梦观察记

  ——张婧娴服务北京冬奥会口述实录

237 北京冬奥会的见证人与守护者

  ——李青昕服务北京冬奥会口述实录

做好一枚"冰之帆"的"螺丝钉"

——欧阳喆颖服务北京冬奥会口述实录

口　　述：欧阳喆颖　2018级　新闻学专业
服务岗位：摄影运行志愿者
整　　理：黄怡静　2019级　新闻学专业

个人简介：

欧阳喆颖，北京体育大学新闻与传播学院2018级新闻学专业学生，学院十佳主持人，北京冬奥会期间，作为摄影运行志愿者为摄影记者提供全方位的服务。

岗位介绍：

摄影运行志愿者负责在赛时服务来自全球的摄影记者。具体包括引导摄影记者入场，维持拍摄秩序，提醒摄影记者禁止摄录，提醒摄影记者遵守防疫要求，定时在使用摄影点位前用酒精湿巾进行消毒，引导摄影记者严格遵守隔二坐一的要求等。如遇非常态事件，及时上前劝诫并向主管上报情况。每天领取防疫责任表并及时填写。

"冰之帆"的故事

我是1月23日与北体大的冬奥志愿者共同从学校出发抵达驻地的。我们的驻地在北京市朝阳区望京智选假日酒店，中午十二点多，我和冬奥志愿者一同上车从学校出发，大概下午一点多到酒店入住。在老师和学生负责人的帮助下，我们很快分配好房间，回到房间收拾各自的行李。酒店的条件还不错，两人一间，很幸运的是，我和我的室友青昕被分到了同一个房间，我们的房间里有一张大床和一张小床，房间虽然不大却很温馨。第一晚，我躺在床上心情很激动，最后在室友平稳的呼吸声和空调的运作声中逐渐入眠。

我服务的场馆是国家体育馆。国家体育馆又名"冰之帆"，位于北京市朝阳区天辰东路9号，临近鸟巢（国家体育场）和冰立方，是奥林匹克中心区的标志性建筑之一。"冰之帆"既是2022年北京冬奥会赛事场馆之一，也是2008年北京奥运会三大主场馆之一。2008年北京奥运会期间，"冰之帆"主要承担竞技体操、蹦床和手球等比赛项目，是中国体育健儿本届奥运会取得金牌最多的一个场馆。在今年的冬奥会中，国家体育馆承担了男子冰球赛事、部分女子冰球赛事以及冬残奥冰球所有赛事。

为了更好地服务于冬奥会的体育赛事，"冰之帆"的服务领域细分为很多种类，如媒体运行领域、体育领域、转播领域等，我所在的领域是媒体运行领域下的摄影运行，主要服务来自全球的摄影记者，包括摄影工作间、摄影点位 [分为FOP（Field of Play，竞赛场地）摄影点位、看台摄影点位和训练馆摄影点位]、媒体验证点等几个主要场所。摄影领域一共有3位领导，分别是摄影经理、摄影副经理和摄影主管。我们摄影志愿者的直接管理者是摄影主管，他会为我们安排每天的工作。

摄影运行志愿岗位于1月23日开始运行，直到2月20日冬奥会结束。因为在冬奥会开幕式之前便有训练和比赛，所以志愿者会提前上岗。摄影运行一共有20名志愿者，由于每天的工作时间较长，分为两班轮岗——早班和晚班，早班是早上八点到下午四点，晚班是下午四点到晚上十一点，根据每天比赛的时长略有调整，如场馆没有比赛就可以按时下岗，但如果有比赛到凌晨我们也会到凌晨才下岗。除了工作岗位之外，场馆的午饭和晚饭时间是中午十一点半和下午五点半，这两个时间点志愿者可以在轮岗区吃饭，吃完饭继续上岗，等待下一班换岗人员到来便可离岗坐大巴车回酒店休息，大巴车每日的时刻表是根据每个岗位的志愿者上下岗时间来安排的，并依照坐满即走的原则。

1月24日是我第一天正式上岗的日子，那一天是我第一次坐上去国家体育馆的大巴、穿上冬奥志愿服、带上注册卡，我怀着新鲜感和好奇心踏上了真正的冬奥志愿路途。对我来说这里既是熟悉的，也是陌生的。2021年4月，也是在这里，我参加了冬奥测试赛志愿服务，并且是同一岗位，再一次回到这里，感觉还是有很大不同的。又一次来到媒体运行工作间，我见到了很多熟悉的面孔，也认识了很多新朋友。第一天上岗，我见到了媒体运行摄影主管Steve。他是一位来自美国的中年男性，早年也是一名摄影记者，听完他给我们介绍这个岗位需要做的事情和他自己的一些经历，我感受颇深。他曾从事各大报纸的记者，参与拍摄很多大型体育赛事，如奥运会、超级碗等。如今，他从一名摄影记者成为一名服务摄影记者的工作人员，岗位虽然不同了，但依然奋战在体育报道的第一线。他曾作为摄影主管服务过2018年平昌冬奥会，积累了丰富的经验。Steve十分了解冬奥会中摄影记者的需求，在他的带领下，我们全体摄影运行团队很好地完成了冬奥摄影运行服务工作。

  我们的岗位职责主要是在赛时服务来自全球的摄影记者。事实上，在国家体育馆冰球比赛正式开始前，我们媒体运行摄影助理岗位的工作量并不是很大，我们志愿者主要是做一些前期的准备工作，日常做的工作比较细碎，比如我们需要将摄影工作间的储物柜编号，以便赛时记者可以使用储物柜放置自己的物品。由于赛时摄影记者会带着自己的"长枪短炮"来到场馆进行比赛拍摄，会有很多比较沉的设备，因此，摄影工作间的储物室给各位记者准备了储物柜，记者可以根据自己的需要借用储物柜放置自己的设备，从而减轻摄影记者的负担并且最大限度减小设备丢失的可能。听起来是一件很简单的事情，可当我和另外两名志愿者一起整理储物柜的钥匙时，才知道事情并不简单。摄影工作间一共有100多个储物柜，我们需要把每个储物柜的两把钥匙和储物柜编上相应的编号，以便赛时分发给摄影记者。志愿者花了好几个小时的时间才做好这一件事，到最后大家的手指都因为抠钥匙扣而止不住地疼，但在完成的那一刻我们依旧很开心，也许这就是做志愿服务工作的魅力吧。又如我们需要提前在工作人员的带领下，熟悉去往场馆各个楼层的摄影点位，以便在赛时为摄影记者指路，避免摄影记者由于不熟悉路线而找不到摄影点位。虽然摄影点位都在看台上，也有相应的路线说明，但是由于场馆实在太大了，而且各种进出口比较多，疫情防控也有特定的路线区规划，各个摄影位置引导工作都有固定的流线，所以记者们很难准确找到对应的点位。这是我们需要在赛前彻底熟悉各个摄影点位的原因。在正式比赛开始之前，我们还在摄影助理的带领下一起对摄影工作间的防疫隔板进行全面清洁，以确保记者、工作人员和志愿者等的生命安全。我们还将媒体储物间的各种物料进行整理和放置，并对摄影工作间进行了景观布置，如放置冰墩墩贴画、在白板上画上冰墩墩的图案和北京冬奥会的标识，等等，一想到我们所做的一切工作都是为了可以在冬奥会正式开赛时给全世界留下深刻、美好的北京冬奥印象，就觉得我们的工作虽然辛苦，却无比值得。

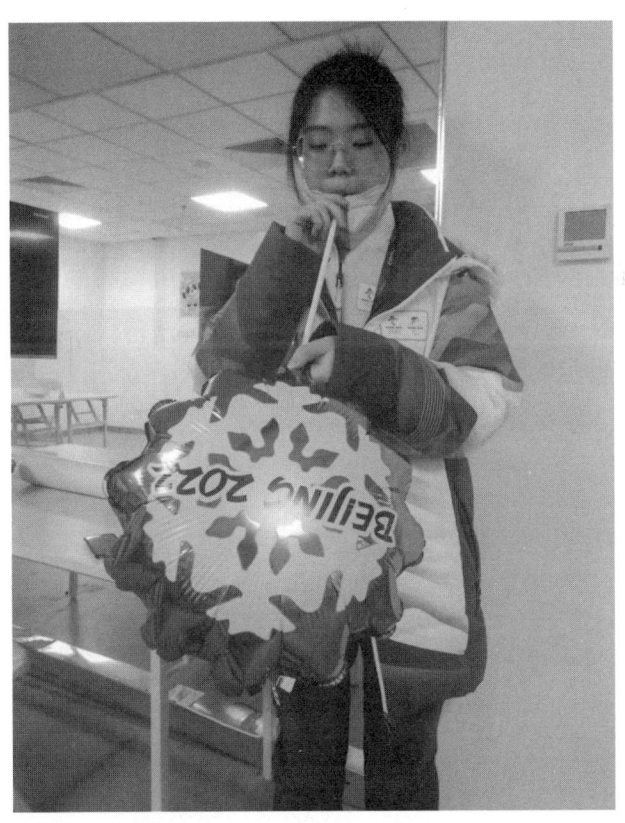

◎ 欧阳喆颖在布置摄影工作间

"冰之帆"内部各领域各司其职、高效配合,共同完成国家体育馆的相关服务工作。媒体运行领域除了摄影运行工作,还有新闻运行工作。与摄影运行工作不同的是,新闻运行工作主要负责服务来自全球的文字记者,因为在冬奥会比赛中,文字记者与摄影记者分别做不同的工作,这样能够很好地提高工作效率。除此之外,还有体育和管控的岗位,体育岗位主要是服务运动员,比如冰面铲雪的雪童、做搬运工作的人员等。管控岗位主要负责对国家体育馆的各个进出口进行管控,以防无关人员进入。由于疫情防控原因,场馆的每个区域有着不同的权限,例如摄影志愿者所在的媒体领域属于4区,因而无法进入属于2区的体育领域。

不得不提的是奥运会的转播领域——OBS(全称:奥林匹克广播服务公司),转播领域是国家体育馆最最重要的一个领域。这个领域拥有众多摄像机位,如国家体育馆的"马道"上,比赛冰面的正上方、冰面四周、看台各个方位都有属于转播的摄像机位,这也是为了满足转播镜头的多样化,走进场馆就可以看到场馆四周无处不在的摄影机,十分壮观。作为一个北体大新传(新闻传媒)专业的学子,这也让我感受到了一线体育报道的魅力。

上岗

1月28日是我正式分工上岗的一天,这一天我分配到的具体岗位是FOP摄影入口,这个位置是距离冰面、运动员最近的位置,也是观察视野最好的位置,因此是摄影记者的必争之地。这里的摄影点位主要是场馆周围的一圈,一共32个,非常有限,因此管理这个入口显得更为重要。我在这里的主要职责是引导拥有FOP袖标的

EP摄影记者进入FOP摄影点位，且为了防止没有袖标的其他记者或者人员进入FOP区域。持有FOP袖标的记者只能从这个入口进入，其他入口均不能进入，另外，我们也要协助摄影主管维持FOP的摄影秩序。由于冰球比赛是有转播的，赛时有记者走动会显得转播画面不干净，影响观感，因此在冰球比赛期间摄影记者不可以随意走动，只有在比赛暂停或者每小节休息时才可以离开或者进入，所以维持记者秩序也是我们的重要责任之一。

◎ 欧阳喆颖在FOP岗位工作

我正式上岗的第一天是中国国家男子冰球队的赛前训练赛，抵达场馆拍摄的记者并不多，只来了几名新华社的摄影记者，尽管如此，我们所有摄影运行的志愿者依旧坚守自己的岗位，为摄影记者提供优质服务。同样，在比赛日的一些没有比赛时段或运动员训练时段，虽然少有记者来摄影点位拍照，我们也依然保持最饱满的精神状态，在摄影记者需要帮助的第一时间为其提供服务。

此后上岗工作的日子里我轮流在不同的摄影位置站岗，如正式上岗的第二天我便是在看台席摄影位置站岗。我个人很喜欢看台席，每次排班到看台席摄影位置我都非常开心，因为可以在工作的同时观看冰球比赛，感受冰球奥运比赛的现场氛围，不得不说冰球赛事现场氛围真的十分震撼人心。在正式赛程开始之前场馆一直是各国的国家队训练，因此摄影记者比较少，只是偶尔会有稀稀疏疏的记者前来，我们需要帮助摄影记者找到想去的摄影点位。看台摄影点位是专门为摄影记者准备的，当然，有摄影记者的地方就有摄影志愿者。平时训练赛的时候还好些，一旦到了正式比赛，摄影点位总是会被各种各样的人"占领"。由于疫情防控的原因，国家体育馆被分为了闭环外和闭环内，除了观众的看台之外，其他的看台都属于闭环内的位置，因此正式比赛的时候，闭环内的工作人员、志愿者或者运动员在没有工作时会在看台上观看比赛，很容易占用摄影点位，摄影志愿者的工作就是将无关人员转移到其他区域的看台观看比赛，使其不致影响到摄影记者拍照。记得有一次我在摄影位置D上岗，临近比赛几分钟的时候，有一些外国运动员坐在了摄影点位上，我鼓起勇气来到这些运动员的身边，礼貌地请他们离开摄影点位，并带领他们到另一个可以坐下来观看比赛的位置。当我以为和他们的交流到此为止正准备转身离开时，其中一名队员叫住了我，并给了我一枚拉脱维亚冰球队的胸针，感谢我帮助他们减少了不必要的麻烦。我看了看手里的胸针，才知道他们是拉脱维亚的运动员，当时真的超级激动，也十分开心有这样的一次奇遇，并且这次是继芬兰国家队后第二次有其他国家队主动送给我胸针，在了解了冬奥会的胸针文化之后，我更为收到他们的胸针而开心。

总体而言，摄影运行正式岗位的工作大致上包括：开赛前在摄影位置入口处引导记者入场；维持摄影位置的拍摄秩序；提醒摄影记者此处禁止摄录；提醒和劝导摄影记者遵守防疫要求；在一段时间后需要我们在使用摄影点位前用酒精湿巾进行消毒；由于疫情防控的原因需要我们引导记者们严格遵守隔二坐一的要求；如遇非常态事件，及时上前劝诫并向主管上报情况；每天必须领取防疫责任表并及时填写。我在各个摄影位置都有过服务经历，比较特别的服务岗位是摄影位置B。该位置是主摄影位置，比赛时摄影记者很多，我需要维持现场秩序，任务比较艰巨。我印象尤为深刻的是中国男冰冬奥首秀，即2月10日的晚九点十分开始的美国男子冰球队对阵中国男子冰球队的比赛。我一方面要服务摄影记者，另一方面又因为对比赛的关切而十分激动。虽然最后中国男冰（中国国家男子冰球队）以0∶8败给美国男冰（美国国家男子冰球队），但是从每一位中国男冰运动员的身上我看到了奥运精神，不服输、努力、积极的可贵品质。2月12日下午四点四十分是中国国家男子冰球队对阵德国国家男子冰球队的比赛，我在FOP口站岗，虽然中国男冰2∶3惜败德国男冰，但我有幸在现场见证了中国男冰冬奥首球，且运动员离场时，中国男冰从我的面前走过，近距离看到他们因为输掉比赛而难掩的沮丧，我想向每一位奋勇争先的奥运健儿致敬！

此外还有摄影位置E的工作也较为特殊，这个位置和其他位置不太一样的是，这个位置的摄影点位不仅很少，而且比较偏，除此之外，这里需要管理马道上下门锁的钥匙，是一个非常重要的位置。马道钥匙掌握在我的手里，我的职责主要就是给需要进入马道的人解锁。马道是指在场馆的上方有很多由铁架子搭建起来的小过道，用来安装摄影机。国家体育馆的马道和我们平时说的马道是不一样的，在马道上可以俯瞰整个场馆，视角非常好，但也十分危险，因此这项工作极为重要。在摄影位置E上岗那天由于不是轮班制，我和另外一个男生都同时在这个岗位工作，也遇到了很多情况，比如我遇到了一个来自韩国的摄影记者，他问我墙上的"比赛日"三个中文大字是什么意思，我用自己不太流利的英文和他也不太流利的英文沟通一番之后终于明白了相互的意思，最后彼此都会心一笑，这也让我感受到了做志愿者的快乐。

摄影记者工作间的工作和摄影位置的工作极为不同，工作间内的工作比较繁杂，最主要的是FOP袖标的更换、储物柜钥匙的发放、比赛名单的复印以及解答记者提问。FOP区域是离冰球场最近的摄影位置，即冰球场外一圈一共32个点位。这里离运动员最近，摄影记者可以拍到自己满意的和受众想要观看的照片，所以袖标的更换和发放极为重要，必须发放给EP记者。另一项工作是储物柜钥匙的发放，因为摄影记者的设备实在是太多了，而且十分贵重。工作间的位置用来放置设备不安全，所以有专门的储物间给到记者们放置物品以避免丢失。此外，一些比赛名单需要及时复印，记者需要知道哪些球员对应哪些号码，多少号球员进球等。白板信息也要每日更新，具体包括：（1）TG班车时刻表（如有更新）。（2）每日竞赛日程（如有取消，需要把原日程写上，再标明"Cancelled"；如有更改，也需要在原日程上立刻更改）。（3）每日VMC（Venue Media Centre，场馆媒体中心）开放和关闭时间、摄影记者通气会（Photo Briefing）时间等。志愿者还需要汇总摄影记者到馆人数，中午十二点、晚上六点、VMC关闭后各汇总一次并发送到工作群。最后，也是最繁杂的一项工作就是解答记者提问。工作间会有许多记者来问各种各样的问题，我们需要尽自己最大的努力为他们解决这些问题。摄影工作间是每一位摄影记者到达场馆后第一个抵达的地方，这里为摄影记者配备了桌椅、插线孔、网络、食物和储物柜，方便摄影记者在此完成放装备等一系列事情。还记得冬奥会开幕式后的几天，我轮到摄影工作间的岗位，遇见了一位外国记者，他问我摄影位置B怎么走，我为他指路，告诉他在看台第四层，但摄影工作间在一层，他因为设备太沉重想要坐电梯，于是问我有没有电梯可以乘坐，由于我对路线并没有很熟悉，加上英文交流让我有些紧张，给摄影记者指错了路。好在我及时反应过来，并立刻跑上楼去寻找这位摄影记者想要重新给他指路，我在二楼追上他，并向他道歉，表示可以重新带他过去，这位摄影记者很有耐心，口里说着没关系没关系，谢谢你，这让我原本愧疚的心情变得轻松起来，和他的交流也变得流畅了。在我准确无误地将这位记者带到摄影位置B后，他还询问我他应该在哪里就

◎ 欧阳喆颖在摄影工作间工作

餐，虽然当时的我也不清楚，但是我在询问了主管之后帮助了这位摄影记者，他最后向我表达了感谢。这是我冬奥会开幕以来第一次很完整地靠自己的能力帮助摄影记者，从而收获了开心和快乐、幸福感和满足感。我想，这应该也让外国记者感受到了中国志愿者的青春活力和乐于助人的精神。

我记得很清楚，开幕式当天我又解锁了新的地图——竞赛馆旁边的训练馆，这里也是一个标准冰场，但是很小，我的位置在冰场二层，这里也有一排摄影点位，我的主要工作是维持秩序，引导摄影记者来到正确的摄影点位，同时提醒摄影记者什么时候不可以摄像，并在他们需要帮助的时候帮他们解决问题。训练馆是没有比赛的，全部都是训练，但是训练日程排得非常满，从早到晚一直有不同国家的队伍在训练，所以来来往往的摄影记者或文字记者比较多。我需要维持好这里的秩序。在站岗时我还收到了来自芬兰奥组委的人员送的芬兰小胸针，下午下岗回到酒店之后，我在酒店里看了冬奥会开幕式，运动员入场时偶尔看到在冰场出现过的面孔，我便感觉十分亲切，虽然不能去开幕式现场，但我依然十分开心满足！

冰球观赛特别体验

作为国家体育馆的志愿者，能够在FOP入口站岗时近距离接触运动员，确实是一项隐藏的"福利"。

2月18日是芬兰男冰（芬兰国家男子冰球队）对阵斯洛伐克男冰（斯洛伐克国家男子冰球队）的半决赛，只要芬兰男冰赢下这场比赛就能进入金牌赛，我因为一枚胸针与芬兰男冰结缘，又恰好被分到了FOP摄影位置，特别兴奋。比赛结果是芬兰男冰战胜了斯洛伐克男冰，顺利进入金牌赛，斯洛伐克男冰则进入铜牌赛。芬兰运动员从冰面出来经过FOP入口在我面前经过时，我已经激动到说不出话来。我近距离见到了他们每一个人，就好像追星女孩见到了自己的偶像一样。他们在赛场上的每一个身影，我都想记在心里。不论是他们在赛场上的团队协作还是不卑不亢、越战越勇的精神，都让我受益良多。

后一日先到来的是斯洛伐克男冰与瑞典男冰（瑞典国家男子冰球队）的铜牌赛，当天我所在的岗位是媒体验证点，这也是开赛以来我第一次来到这个位置。这个位置的主要工作是与安保人员协作验证入场人员身份，只要是注册卡上有4区权限的记者就可以进入。相比摄影位置和工作间来说，这个岗位是轻松的，但是这个位置也比较重要，因为这个入口是摄影记者进入训练馆的唯一通道，所以我们还有一项工作便是引导摄影记者前往训练馆。由于这个位置有4名志愿者轮岗，所以我在轮岗休息的时候进入看台观看了这场铜牌赛，比赛十分焦灼，我比较支持斯洛伐克男冰，原因很简单——我很喜欢斯洛伐克男冰运动员的蓝白相间的比赛服。最后斯洛伐克男冰战胜了瑞典男冰，两支队伍一同奉上了一场精彩无比的比赛！比赛结束已经晚上十二点了，我和其他3名志愿者在等待工作间的摄影记者全部离开后，一起坐大巴返回了酒店。

最后一天是芬兰男冰与俄罗斯奥委会队男冰的金牌赛，在北京时间2月20日中午会产生北京冬奥会男子冰球项目的金牌和银牌。当天我被分到了摄影记者工作间，但是由于我很想去看台，在经过与其他志愿者的换岗之下，我幸运地到达了摄影位置C。由于摄影位置C的流线十分特殊，很多记者找不到这个位置，我在开赛之前从工作间接了好几位记者来到摄影位置C。记者们很热情，我带他们到达他们想要的摄影点位后一直在感谢我,我也十分开心可以帮助他们,开赛后就不会再有记者过来了,所以我可以在看台看一会儿比赛。这天有除了中国男冰之外我很喜欢的芬兰男冰,我激动到双脚跳起,几轮激战之后芬兰男冰获胜了,获得了这枚宝贵的冬奥会男冰金牌,能够在现场见证他们的夺金过程,我感到无比荣幸。

赛场之外

正式工作期间实行轮岗制,轮休的日子里我们都是在酒店里待着。酒店里的志愿者都是在闭环之内的国家体育馆的志愿者,尽管闲下来的时候会有些想家,但一想到自己能够参与冬奥,是在做一件非常有意义的事情,想家的情绪也就没有那么强烈了。

小年夜,酒店为志愿者准备了小零食等物资,分发物资时,走廊来来往往领物资的志愿者十分热闹,当时的我们虽然彼此还不熟悉,但能感觉到相互之间带来的温暖,在这条长长窄窄的楼道里,我们的心紧紧相连,小年夜就在这条走廊的一片欢声笑语中开心度过,如在家般温馨。

除夕当天我仍然坚守在岗位上,在摄影位置D为摄影记者提供服务,大概下午三四点时下岗回酒店吃了年夜饭、看了春晚,又和家人、朋友说了新年快乐,很晚才睡觉,这是我第一次在外过年。第二天是大年初一,也是我轮休的一天,我睡到了上午九点才起床,洗漱完毕之后便开始写论文了,作为一名大四的学生,我在服务冬奥的同时也面临着毕业,按照计划结束冬奥志愿者工作大概要到四月份了,由于我们2月16日之前就得提交论文初稿,我只能在志愿服务的休息时间完成我的论文初稿，虽然压力比较大，但是我仍然不后悔自己成为一名冬奥志愿者，这是一次难得的机会和经历。

开幕式当天我是白班，从早上八点半上到下午三点半，下午所有工作人员和志愿者必须离开所在场馆，我们岗位20人只能抽4人去现场观看开幕式，然而我并没有被幸运之神眷顾，因此下岗之后只能回酒店看直播。开幕式深深震撼了我，也让我为参与这样一个全球盛事感到荣幸。开心的是，开幕式后第二天离岗时场馆给我们所有志愿者发放了激励物资，是北京冬奥会的特许商品，有冰墩墩本子、卡套、冰墩墩玩偶、志愿者胸针等。冰墩墩是这次冬奥的"明星"，我特别想拥有一个冰墩墩玩偶，场馆竟然为我们志愿者发放了，我自然十分开心、激动。当看到物资中的志愿者专属胸针时，我心里说不出地满足和快乐，做志愿者真的是一件十分幸福快乐的事情，虽然有时候很累、很辛苦，但很有意义。

在这次志愿服务中，我很喜欢和场馆里的记者们相处，喜欢带领他们去他们想要到达的摄影点位，了解他们的需求并给予他们帮助是我的快乐源泉。有时候，一些外国记者会因为我帮助了他们而送给我一枚他们国家或者代表队的胸针，这令我十分开心。记得有一次，我在看台上站岗时，遇见一位韩国记者，他见我一直站在岗位上，就和我打招呼，送给我一个他们国家的胸针，还用中文和我聊天。我也学着用韩语和他打招呼，他以为我真的会说韩语就更高兴了，事实上我只会几句日常的韩语。最后我们是用英语沟通的，但还是觉得特别好玩。这些经历都让我觉得，在冬奥会这个大家庭里，语言其实并不是最大的阻碍，大家都能感受到彼此的真诚，特别有"天下一家"的感觉。能够作为东道主的志愿者参与到这次盛会之中，我特别幸运，这次经历也让我在之后的人生中更加学会了真诚待人。

虽然各个岗位的工作不同，但我们所面对的都是摄影记者，在因为语言不通而沟通不畅时，我有一个小技巧：用自己所知道的信息来询问摄影记者是否需要这些帮助。因为摄影记者的需求都很固定，一般都是问摄影工作间在哪里、摄影点位如何走、比赛阵容、队伍名单、比赛总结，等等，这也让我们明白，遇到问题不要逃避，而是直面它、解决它，只有这样我们才能克服困难，拥抱更好的自己。虽然有时候分配到的摄影位置没有什么记者来，但我们时刻提醒自己是一名志愿者，一名北京冬奥会的志愿者，必须摆正心态，不管有没有记者来，我们都要做好本职工作。在北京冬奥会服务期间，我们不仅仅代表自己，更代表了中国的志愿者。能以志愿者这样一个角色参与冬奥，让我在服务冬奥的每一天都很开心、快乐和幸福。我知道这是一次来之不易的志愿经历。回顾这二十几天，我把自己最好的一面留在了国家体育馆，每每想到北京冬奥会冰球赛场上有我的身影，我便感到十分骄傲和自豪，同时，奥运健儿们在赛场上拼搏的身姿给了我巨大的能量和勇气，让我在以后的人生路上更加自信与勇敢。

最难忘的冬天

——许小龙服务北京冬奥会口述实录

口　　述：许小龙　2019级　新闻学专业（体育赛事解说人才培养方向班）

服务岗位：北京冬奥会咪咕视频冰球转播解说

整　　理：李秉昊　2019级　新闻学专业（体育赛事解说人才培养方向班）

个人简介：

许小龙，北京体育大学2019级新闻与传播学院本科生，喜欢篮球、主持、写作，具有十分丰富的体育解说经验。

岗位介绍：

咪咕视频北京冬奥会北体大解说团队解说。主要负责北京冬奥会在咪咕视频播出的部分项目的赛事解说。

台上一分钟，台下十年功

老实说，作为一个南方人，我对于冰雪的认知仅仅是在北京见过的几场雪，更别谈什么冰雪运动了。所以在一开始接触冰雪运动的时候，听到冰球、冰壶、雪橇、滑雪这些词，在我的脑海中能想象出来的只有手机和电视上面见过的画面。在广东长大的我，从小到大就没什么参与冰雪运动的机会，没有人会觉得皑皑白雪会在一个坐落在北回归线上的"热带城市"下起来，包括我。即使是后来到了北京上学，我也抽不出太多时间去参与冰雪运动。要从一个冰雪运动纯小白开始系统性、有实践地学习冰雪知识，这对于当初的我来说，挑战不小。但是无论如何，我都要坚持下去！

大三上学期开始，我们的解说班开始正式学习冬奥知识。在第一阶段我们学习了包括冬奥会的历史、冬奥会的发展、冬奥会的意义、冬奥会的各种项目，等等。要了解一件事情，就得从它人文历史的一面开始学习。通过学习，我明白了为什么会有冬季运动，在多种说法中，我比较赞成在体育概论当中提到的"劳动说"和"战争说"。在那些冬天被大雪覆盖的地区，人们为了生存下去，要跟冰雪斗智斗勇，因此掌握了在冰天雪地当中来去自如的行走技术，也学会了在皑皑白雪中跟敌人、大自然对抗的诀窍。人们在冬季的狩猎、战争里开发了许多现代冰雪运动的雏形，比如冰壶的来源、越野滑雪的来源。于是冰雪运动因劳动和战争，随着历史长河的滚滚洪流正式来到了奥林匹克运动大家庭。

冬季运动来源于生活，却并不流行于我的生活，但是现在，我必须把它融入我的生活。在课堂上，我只能靠着我对于冰雪非常稀缺的认知去想象、去理解，好在我是一个体育大学的学生，能够把握体育中的共通性，所以对于很多冬季运动，我都能通过老师声情并茂的讲解以及许多运动员同学们专业的介绍，很快理解。令我非常惊讶的是，这些在我的家乡看上去不是常态的滑冰滑雪运动，对于我许多北方的同学来说，都已经是每个冬季的"家常便饭"了。所以我心想，这可不行，我得比他们还要"冬季"起来。

到了学习冬季运动的第二阶段，我就接触到了非常多细化的项目，尤其是在北京冬奥会要开展比赛的7个大项、15个分项以及109个小项。我从头到尾跟着老师的讲课节奏去了解，私底下做功课。我们学院在课程设置上做得非常到位，在每周上课的时候，我们会有一节理论课专门介绍相关项目，也会有一节实践课专门用来实践。这样理论与实践相结合的方式让我在学习冬季运动知识的时候进步飞快。由于高强度的学习和训练，我在短时间之内就从一个冰雪小白成为一个冰雪合格生。最起码在谈论到任何一项冬季运动的时候，第一不会认错，第二不会说错。在学习了许多项目之后，老师让我们选一个最感兴趣的项目去了解和学习。作为一个喜欢高强度对抗运动的体育迷来说，我毫不犹豫地选择了所有冬奥项目中唯一一个同场竞技类运动——冰球。冰球在我眼里跟足球是有异曲同工之妙的，足球从本质上来看就是把球用脚踢进放在地上的球门去获得胜利的运动，当然这里只是简化，有很多比我更懂得足球的朋友们，我只是简单地描述了一下。而冰球只不过把脚换成了冰球杆，把球门缩小了一点。但是在球场上因为有护具的存在，所以对抗强度会非常大。我在学习过程中去看一些世锦赛、NHL的比赛集锦时，会为视频中传出来的冰球球员护具在冰面上碰撞发出的巨大声音而热血沸腾。对于我这样激情派的解说员来说，我是更加偏向选择冰球项目去学习的。

其实，我在学习冰球的时候遇到了挺多的困难。第一，国内没有职业冰球联赛，整个项目的训练体系相对封闭和小众，很难寻找到相关资料了解训练方法和竞技表现。第二，如何根据冰球的发展历史结合新中国体育发展史去概括中国冰球的发展？资本主义社会的体育和社会主义社会的体育有何异同？中国的运动员故事要怎么去记录？第三，如何快速理解冰球规则并将其转化成通俗易懂的话易于观众理解，如何让观众迅速看懂冰球比赛？

这些都是我们在了解冰球这项运动，以及准备解说的时候需要去思考的问题。在整个冬奥项目学习的阶段，我认识到：一个人面对一些陌生但是有趣的事情时，是很愿意全力以赴的。作为代表中国体育人的体育解说员，如何讲好中国体育故事，为社会传递更多正能量，是需要终生思考的问题。尤其是在冬奥会这样的国际赛事中，如何宣传出正面故事，代表东道主中国去给世界交出一个满意的答卷，这是我作为一个体育解说员应该要去努力的事情。"政治立场要正确，专业技能要熟练。"这两句话便成为我们在学习冬奥体育解说时从头到尾须贯彻的原则。

在前期的准备工作中，老师们也特别重视我们的思政培训，为我们开展了许多专题课程，比如女性体育解说的现状、中国共产党成立百年来体育解说的发展等，尤其强调我们学生解说员、整个北体大解说团队要严格把握自己的解说导向功能，输出正确的东西，绝不犯错。令我印象非常深刻的是我们老师说的一句话："从新中国成立到现在，每一个阶段都离不开媒体、播音员和解说员。冬奥会也即将成为中国体育事业走入新阶段的标志性事件，我们既要承前启后，也要创造历史，在中国的体育史上留下自己的声音。"

所谓"台上一分钟，台下十年功"，在这个长达半年的冬奥会解说准备中，我都是在无比期盼当中度过的。每当想到自己离解说比赛又近了一天时，我总是很兴奋，甚至有时候会激动得睡不着觉，期待着这个冰雪盛会的开幕式早日到来。"不积跬步，无以至千里；不积小流，无以成江海。"经过系统性地学习冬奥知识、专业性地了解体育项目，让我拥有了不错的冰球知识储备。

但是，我却在学院设置的选拔考试中遭遇了"滑铁卢"。去年的12月的某一天，我在首都经济贸易大学解说一场大学篮球比赛，不巧的是那天刚好碰上了学院的阶段性解说选拔考试，我不得不一边准备篮球的解说，一边准备冰球项目的考试。三心二意难成事，我在首都经济贸易大学一个体育馆的管理办公室里，开着线上会议，参加了"云考试"。用半个小时匆匆做完试卷之后，我快马加鞭来到解说席坐下，准备一会儿的篮球解说。

我是一个实践派，一旦有实践的机会摆在面前，我就很难再去做其他选择。当然我也承认，可能我对于这个冰球考试有点想当然了，这可是服务冬奥的选拔考试，怎么可能那么简单？而且我仅用半个小时就完成了考试，简单想一想都知道，分数肯定不会太高。

两周之后，我的老师在上课的时候专门点了包括我在内的好几名同学的名字，批评我们一点也不像一个冬奥解说员。考试是对于学习成果的阶段性检测，在闭卷的情况下，这是考验知识储备的最佳方式。老师说完之后我也的确认真反思了这个问题——如果我不能把那些知识写下来，那怎能做到出口成章呢？这的确是我们要去做准备的东西，于是我加强了每天对于冰球知识的巩固复习，在期末考结束之后，老师又重新组织了一次考试，我觉得那是我人生当中面对考试最有信心的一次。最后，我以93分的高分通过了测试，成功通过了解说北京冬奥会的选拔。

我觉得这是一次无与伦比、能自我提升的奇妙体验。首先，作为一个南方人，本来对于冰雪运动不是非常了解，但是来到了北京体育大学，学习体育解说之后，老师们通过许多冬奥会比赛视频的课堂教学，让我开始了解冰雪运动，甚至挖掘到了自己非常喜欢的项目——冰球。在抖音个人号上进行关于冬奥会以及冬奥会冰球项目的短视频创作的过程当中，我收集了许多关于冰球比赛的规则以及冰球项目发展历史的资料，这帮助我非常快速地了解了冰球这个比赛项目。在之前进行冰球解说练习的时候，我发现冰球跟足球和篮球有许多地方是相似的。冰球有着篮球的比赛节奏，有许多跟足球相似的规则。篮球当中的快速攻防转换以及非常直接的身体对抗都是在冰球场上时常发生的。所以，在做关于冰球比赛解说的前期准备工作当中，我跟擅长解说篮球和擅长解说足球的同学进行过相关规则的交流与讨论。我认为冰球需要用篮球解说一样的三言两语短句的形式进行解说评论，但是也需要运用到足球当中的观察站位以及战术分析。比如说，足球当中的阵型、防守和越位规则，在冰球当中也会有比较相似的情况出现。所以，我的收获是利用了以前解说篮球的经验，以及向解说足球的同学学习之后，把对于篮球解说的节奏，以及足球解说的规则掌握和阵型观察运用到了冰球解说当中，我觉得这对于我学习新项目有非常大的帮助。同时，我还利用了在北京体育大学学习的优势，认识了非常多学习冰球专项的术科同学，向他们了解了冰球规则，以及冰球专业术语，获得了非常多的帮助。

解说之旅，马上就要开始了。

主播和解说是两码事

学期结束，我们迎来了寒假，但是由于冬奥会任务在身，我们没能回家过年。加上学校的疫情防控规定，我们有很长一段时间是在学校封闭管理的。但这些都是为了保证冬奥会服务工作的顺利进行，我们感到无比光荣。

在2022北京冬奥会开始前的寒假时光，我也没闲着，因为除了咪咕视频冬奥会解说任务在身，我的老师还给我安排了另外一项任务——中央广播电视总台中国之声频率的冬奥特别节目《奥运夜话》的特邀嘉宾，我将以这个身份在中国之声频率跟观众互动、科普冬奥知识、解说冬奥比赛以及作为特邀嘉宾分享一些体育故事。

为此，我们总台嘉宾团队的同学必须留在北京，确保能在冬奥会举办期间顺利参加总台的节目。为了模拟彼时的《奥运夜话》互动节目，我们每天都要拍一个一到三分钟左右的抖音小视频，内容有关冬奥科普、赛场故事、体育新闻、冬奥生活等，一直得拍到北京冬奥会开幕。

因为每天有事可做，我们在学校封闭管理的日子其实并不枯燥。1月20日，我们要拍一条主题是"究竟在冰球运动比赛当中运动员能否打架？"的视频，为此我还需要去构思整个视频内容的节奏，一开始我在北京冬奥会的官方网站、国际冰球联合会的官方网站以及北美冰球联赛的NHL官网中查阅了很多资料，在很多专业体育记者撰写的体育报道中，学习到了很多关于冰球比赛的知识。

在商业冰球比赛当中，为了鼓励比赛的观赏性对抗，球员之间是可以根据规则合法格斗的，但是奥林匹克精神崇尚相互理解、友谊团结和公平竞争，所以奥运赛场上是不允许存在暴力行为的。我要在一分钟之内把冰球比赛不能打架这个事情说明白，还是很有难度的。况且冰球对于中国大多数体育迷和民众来说，是一个小众项目。于是我选择了用"规则介绍+奥运精神"的科普模式，有声有色地介绍完了冰球比赛是不能打架的。

那一条抖音短视频收获了200多个赞，30多条评论，这是让我很意外的一次收获，也证明这样的科普知识和互动方式是对的。于是在拍摄过后我就开始思考，是哪个点吸引大家来看我的视频？有趣的话题还是科普模式？之后，我又以同样的方式制作了一期跟冰壶有关的视频，讲的是冰壶比赛当中的一些礼仪规则，反响就没有那么好了。可能大家更喜欢关注一些冬奥会的"冷知识""黑科技"。

做主播跟当解说是不一样的。当主播是说得有趣，做解说是说得明白，侧重点不同。

冬奥会正式开始

2月4日晚，我们来到了安排好的酒店入住。让我很激动很兴奋的是，我从来没有在北京城中心生活过。我们住的酒店在西二环，距离长安街很近，这也太有意思了。那天晚上，我早早地完成了当天的任务，晚上七点半，我跟我的舍友李秉昊坐在了电脑前，一起观看北京冬奥会的开幕式热场表演。

张艺谋导演安排的广场舞表演很得民心，现场的掌声一波又一波地响起。最能体现中国现代社会人民群众娱乐文化的广场舞，也走到了奥运舞台上，让全世界都看到了。虽然我从未正式参与过，但是我也会因此而自豪！

有段时间打开很多社交媒体都是对于冬奥会开幕式的夸奖。那天晚上看完开幕式的时候，我在我自己的社交媒体上写下了一句话："体育，是全人类共同谱写的史诗。"作为中国人，看到北京冬奥会开幕表演传递出的人类命运共同体的精神内涵是十分激动的，而且作为中国体育人的我们，还可以去解说这一盛会，真的很幸运。那一晚，烟火绽放；那一晚，人们心连心。

此外还发生了几件有趣的事情。在入住酒店的那天中午，刚好在楼下有一家粤菜馆，我已经很久没有尝过家乡菜的味道了，于是就带着团队当中的"战友"一起去"吃顿好的"，不得不说，这家菜做得还是不错的，至少对我来说，很满足。

随后我们还在入住酒店的附近找了一家美发工作室，这家工作室特别隐蔽，理发店的主人却是一个深藏不露的业界高手，我们也是十分惊喜，赶紧找他设计了上节目的发型。

就这样，我们的冬奥服务周期，正式迎来了实践阶段！

冰球解说

我一共解说了4场冰球比赛，其中印象比较深刻的有3场，分别是2月5日的女子冰球小组赛B组捷克队对阵瑞典队、2月9日的女子冰球小组赛B组瑞典队对阵丹麦队以及2月13日的冰球男子小组赛B组瑞士队对丹麦队。这三场都是跟李骜师哥一起搭档解说的。解说前，我们做了充分的准备。

第一，我跟李骜师哥在很早的时候就被确认为冬奥会冰球项目解说搭档，之后就一直保持了很紧密的联系。在一月份确定解说搭档的当天，我就跟李弩师哥通了电话，直接进行了"破冰行动"。我们两个人很聊得来，互相熟悉之后我们之间越来越默契，我们还互相分享了许多冰球知识。我记得有一位老师曾经对我们说过："你跟你的解说搭档都没有说过超过100句话的时候，你们是不可能有解说默契的。"于是，我认为这一次开头的"破冰"是非常重要的。

第二，我们在各大网站上搜集球员的信息，在北京冬奥会的运动员信息官网、国际冰球联合会以及其他国家的一些官方网站上搜集资料，这对于我们了解球员是非常重要的。球员的身高体重、技术特点、打法位置和社会评价等，都是我们在解说比赛的时候要去跟观众阐述的。尤其是一个球员是左撇子还是右撇子，将直接影响到他在球场上位置的表现。

况且冰球比赛非常特殊的规则就在于，换人是随时上随时下的，于是在冰球的一场比赛中，20人的队伍当中就会产生不同的功能组别，比如防守组、进攻组以及梯队组。防守组一般是在比赛出现以少防多的情况之下，教练会把一支以防守尖兵组成的组别安排到场上进行2分钟的艰难防守；进攻组就是反过来，在以多打少的情况之下，用最尖的矛去进攻，所以会有进攻尖兵组成的进攻组；而梯队组就是按整个队伍的实力分配，第一梯队（Group 1）、第二梯队（Group2）、第三梯队（Group3）和第四梯队（Group4），各个梯队功能不同，就会产生不同的比赛效果。

我们得熟悉这个梯队的构成是经验足，还是实力强；是体力好，还是技术精。这都是我们在第二项准备工作中要去做好的。

第三，也是我认为最重要的，就是跟上冬奥会的节奏。我们每天都要去看所有项目的比赛。从早到晚，一边用电脑，一边用手机看比赛都已经是家常便饭了。各种不同版本的解说我们都要去听一听，一边看比赛，一边学习，学习专业的解说是怎么解说冬奥会的。我们还要了解一天中的比赛热点，包括中国的冲金点项目、其他国家创造优异成绩的记录等。因为我们在解说一个项目的时候，也需要去全景、全视角地给观众展现出冬奥会的比赛结果，让观众有身临其境的感觉。

2月13日，我要进行最后一场冰球解说，那一场比赛是冰球男子小组赛B组瑞士队对阵丹麦队，这场比赛对于两队来说，胜者将直接晋级淘汰赛，而败者会直接结束今年的冬奥之旅。竞技体育就是这么残酷。这一场比赛的结果是丹麦队5∶3战胜了瑞士队，获得了晋级的资格。事实上，这场比赛对于瑞士队来说，晋级难度非常大，他们由于净胜分的关系，必须在这一场比赛当中打进加时赛，而且要在加时赛中战胜丹麦队才能够晋级。

但是令人非常遗憾的是，即使瑞士队在最后关头跟丹麦队打平，但是因为他们使用了孤注一掷、背水一战的完全进攻组策略，反而无视了防守，就连门将也被替换下场。因为在冰球比赛当中，是允许一支球队在少一个门将、多一个队员的情况之下进行的，也就是因为这个门前无人看守的情况，丹麦队通过非常强势的进攻和抓机会的能力，打了瑞士队好几个措手不及。我为此可惜，但也为胜者庆祝，毕竟我们作为体育解说员，要客观公正地向观众传递比赛的结果，这是新闻播报当中必须去遵守的原则。

我在那一场解说的结尾总结道："最后，还是被小美人鱼雕像祝福的丹麦骑士们，战胜了来自阿尔卑斯山脚下的瑞士勇者。"这一下，我们作为解说的专业功底就出来了：有着文学性的评论，也有着对于比赛结果客观公正的报道。小美人鱼铜像是丹麦雕塑家爱德华·艾瑞克森在约1909—1913年创作的青铜雕像。该作品现安放在丹麦哥本哈根朗厄利尼海滨步行大道东侧的浅海中。它傲然挺立，万人争睹，其中蕴含的是精神财富。这对一个城市和一个国家来说是不可或缺的。

瑞士是一个62.5%的国土面积被阿尔卑斯山脉占据的国家，这个山脉对于瑞士这个国家的重要性不言而喻，很多关于瑞士的主要产业都会或多或少受到阿尔卑斯山脉的影响。更何况，在这一场山与海之间的对决中，终究是代表海洋的丹麦队拿下了胜利。虽说竞技场上没有绝对的输赢，但是就本场比赛而言，我们依旧得面对这种残酷的结果：只有一个赢家。

即使这场比赛对于冬奥会的其他比赛来说，不是特别引人关注，但是这是我冬奥解说之旅的一个不错的收官。

解说冬奥会的感觉真的很棒。我从一个纯纯的冰雪小白，成长为今天的解说员，跟观众把冰雪故事娓娓道来，把冰雪赛场解说得绘声绘色，这给我带来一种奉献感、一种获得感，最重要的，是一种成就感，也是一种幸福感。就算我再依依不舍，也要跟这个舞台说再见了。我在比赛结束的时候对观众说了一段话："那么，今天的冰球项目比赛就为您转播到这里，我是解说员许小龙，这也是我在冬奥会解说的最后一场比赛，感谢您的收看，也感谢您的支持。我们下次再见！有缘再会！"

我觉得对我自己解说的比赛有一个体面的道别，是非常重要的。这是一种仪式感，向观众交代比赛的结束，又给自己交代下一篇章的启程，一个好的告别是对双方负责的表现。感谢有你！

◎ 许小龙在解说冰球比赛

在小时候最喜欢的电台做节目是什么感觉

开始讲这个故事之前,我得感谢一下我的妈妈,小时候,我们一家经常要在周末的时候去隔壁的城市办事,在漫长枯燥的路途上,妈妈就经常给我放中央人民广播电台的节目。小时候我真的在一个个广播节目当中沉浸,在军事节目、新闻时事、档案解密、人物报道的播音语言当中遐想联翩。我总是在好奇着,做电台的人是不是录好再播出来的?直到我上了大学学习了传媒专业才明白,电台的主持人,真的都很厉害。

然后真的有一天,我成了电台的节目嘉宾。这种奇妙的感觉,从我被确定为北体大解说团队的总台嘉宾之后,便一直萦绕在我的脑海当中。我在前面也说了，当时为了做好一个主播，我做了很多的准备，就是想在总台的节目中做一个合格的、能代表北体大解说班的解说员。

2月5日晚上八点多，当我被总台的工作人员带进位于西城区复兴门外大街的中央广播电视总台时，我内心的神圣感被无限地激发。多少个午后听的电台故事就是从这里制作放送的。我被带到了老师们的办公室，当时画面上播的是冬奥会短道速滑项目2000米混合接力的决赛。那天晚上，在首都体育馆举行的北京2022年冬奥会短道速滑项目混合团体接力决赛中，中国队夺得冠军。这也是中国代表团在北京2022年冬奥会上夺得的首枚金牌。我竟然在总台见证了冬奥会的首金，还是跟着许多业界的播音前辈们一起，那天晚上中国短道速滑队以非常微小的差距战胜了意大利队，拿下金牌，当时我和总台老师们都非常紧张，在最后裁判确认录像的阶段，我们都是全体起立围着电视，见证着金牌的诞生。最后裁判宣布成绩有效，中国获得第一名的时候，办公室里的欢呼炸开了花，太激动了！冬奥会开幕后的第一天，也是我作为总台嘉宾的第一天，就见证了中国冬奥代表团的第一枚金牌，真的太有意义了。当时是快到我们上节目了，我们来到了演播间里，看着我另外职位的解说班同学正在实时播报着中国首金的诞生，她都快从椅子上蹦起来了，这让我想到了中国体育代表团创造历史的每一个瞬间，作为中国人，都会无比激动。

过了一些时间，中央广播电视总台冬奥特别节目《一起向未来》（我是第二期的嘉宾）正式开始了。节目的主持人是苏扬老师和穗儿老师，我和我的搭档曹智师兄开始都非常紧张，几乎都是按部就班地念稿子。两位主持人老师一直在安慰和引导我们，让我们不要紧张，在中场休息的时候我们跟老师们聊天时，他们也一直在鼓励我们，让我们大胆说、放声说，展现我们作为年轻解说员充满活力的一面。

在节目的下半场，进入更加有趣的互动环节时，我和曹智师兄真的就放开了，对着直播的摄像头和话筒，把我们知道的关于冬奥的趣事都说了出来，得到了许多观众的喜爱和赞美。

这对于我来说是十分宝贵的实践经历，因为我真切地感受到，做主播和当解说是完全不一样的，当解说时要引导着观众去看比赛，但是作为电台主播和嘉宾，是需要我们给观众播出内容，而不是一种解释性的行为。这种主动编排内容的行为更需要我们做好充分的前期准备，不能是被动的，是要我们去构思节奏、流程和产生内容的。我深刻记得，2月14日做完节目已是凌晨十二点，我和同伴从总台的大楼里走出来，讲着冷笑话庆祝着情人节的到来，竟然遇到了漫天飘下的鹅毛大雪，这个冬天留在北京，我已经见了非常多的雪，但是那一天是我完成了所有的冬奥任务之后见到的一场雪，不知怎么，我非常感动。这是一种如释重负的感觉，反正那天的雪，特别美！

在现场看冬奥会比赛

2月15日，我跟李秉昊、王笑阳搭上了去北体大的出租车，面对阔别半个月的校园，看见深冬的北体大，非常漂亮。为了去现场观看冬奥比赛，我们连续做了三天核酸，这是在疫情状态下，为了保证闭环内工作人员和观众的生命安全而采取的必要措施。真的要为这一届特殊时期的冬奥会的管理点赞！

随着我们登上前往国家体育馆的大巴，我的心不禁激动起来，我要第一次现场观看冬奥会比赛了。我真的很久没有看过现场的体育比赛了，更何况这还是我的冰雪主项——冰球比赛。

我跟李秉昊坐在了一起，观看了斯洛伐克国家男子冰球队对阵德国国家男子冰球队的比赛。德国可是冰球强国，但是那一天，他们被众志成城的斯洛伐克队打败了。赛后我跟李秉昊还讨论得津津有味、意犹未尽。现场看比赛的感觉真的很棒，各种体育现场展示的元素——灯光、播报、场馆服务等，让我感受到了冬奥会比赛独有的赛事氛围。让我印象最深刻的就是现场服务的冬奥志愿者，他们来自不同的大学，都是跟我一样大的年轻人。面对着各个国家的观众、选手，他们永远都是蹦蹦跳跳、开开心心的。冬奥会因为有了冬奥志愿者的加入而更加闪亮。

◎ 许小龙在国家体育馆观看冰球比赛

最难忘的冬天

这个冬天很难忘，因为我在北京过年，没有吃上家里的年夜饭，而是在宿舍里跟解说团队的小伙伴们一起过除夕。我们来自五湖四海，看着电脑上播放的春晚，温馨的感觉一下子就上来了。尤其是北方的同学还特别激动地给我们南方的同学讲解着春晚当中一些北方习俗，让我学到了不少。

这个冬天很难忘，因为我在北京经历了冬奥，冬奥会对于中国的意义非凡，也对于我这一辈的青年意义非凡。它的精神无时无刻不在鼓舞着我们这一辈为祖国的事业奉献力量，有的是志愿者，有的则是像我一样的解说、嘉宾，冬奥给我们带来了机遇，我们把握住了，冬奥给我们带来了荣耀，我们也要牢牢铭记，将这些一代又一代地传递下去。

这个冬天很难忘，因为我自己解说了冬奥，我以后就可以这么去铭记我的大学生涯：解说了奥运会，又解说了冬奥会。北京是双奥之城，我也是双奥解说。我对于体育的热情永远不变，这种激情也会一直留在我的心中，留在这个冬天北京城的皑皑白雪里。

随着北京冬奥会圣火的缓缓熄灭，我的冬奥之旅也即将结束。熄火仪式将这种依依不舍的伤感表达得淋漓尽致。这是一种中国式伤感，是一种传承五千年的真情实感。即使欢声笑语的载体随着时代不断更新，但是我们始终舍不得的是人与人之间的相遇，这叫作缘分。

我跟冬奥会的缘分依旧在延续，希望在多年以后，我能继续坐在解说席，讲好中国体育故事，为社会传递更多正能量。

走出中国姑娘的自信从容

——赵溪雨服务北京冬奥会口述实录

口　　述：赵溪雨　2020级　播音与主持艺术专业
服务岗位：颁奖礼仪专业志愿者
整　　理：杨震南　2022级　新闻与传播专业

个人简介：

赵溪雨，北京体育大学2020级新闻与传播学院播音与主持艺术专业的学生。2021年5月，被北京冬奥组委选为颁奖礼仪专业志愿者，并于8月完成了为期一个月的封闭训练；2022年北京冬奥会期间，作为张家口颁奖广场礼仪专业志愿者，出色完成任务，其事迹受到CCTV-13（中央电视台新闻频道）、新华网、《燕赵晚报》等媒体报道。

岗位介绍：

颁奖礼仪专业志愿者主要负责颁奖仪式过程中的志愿服务工作，岗位分为托盘员与引导员，身穿红蓝两色颁奖礼服按严格的规程完成颁奖任务。颁奖礼仪专业志愿者是北京冬奥会一道亮眼的风景线，志愿者用优雅的仪态和形体展现中国形象，彰显大国气度。

体育刻进DNA，融入骨子里

我的父亲练过长跑，姑姑与竞走有缘，而我则承载着父辈的梦想在"奔跑"。作为土生土长的河北石家庄人，我一直记得父亲的那句话："冬奥开到咱家门口了，说什么也得参加。"

经过自己的努力，我顺利地进入北京体育大学就读，成为2020级新闻与传播学院播音与主持艺术专业的一名学生。让我坚定信念报考这所院校的是其"为冬奥培养解说人才"的招生理念，冬奥离我仿佛只有一步之遥。在校内，我积极挑起校运会现场解说的大梁。在校外，2021年9月我曾参与第十四届全国运动会乒乓球项目的赛场播报，同年11月成为优酷体育校园解说大赛冰雪赛道全国四强。正是在这一次又一次的磨炼中，我具备了扎实的基本功，也不断意识到体魄强健的重要性。进入大学后，我也更加有意识地多参与和了解体育运动，从篮球、羽毛球、乒乓球等普及度比较高的项目，到相对冷门的一些冰雪类项目，我都有涉猎。体育在不断改变着我的生活。

当学校发布招募冬奥志愿服务人员的通知时，我便下定决心一定要参与冬奥会，我期盼着自己能得到一个最能发挥出自身价值的机会。虽然现场解说、播报等岗位的服务性质与我的专业对口，但在机缘巧合下，我还是决定挑战颁奖礼仪志愿者。人不要打退堂鼓，不能半途而废，我选择了，我就必须坚持。

关于颁奖礼仪志愿者的定位，借用老师的话：把整场赛事比作一张漂亮而精致的"脸"，礼仪服务不是"脸"上的"五官"，不影响赛事的运行，但它是聚光灯底下的工作，好比妆容上的高光，能带给大家更美好的体验。

丝毫不夸张，颁奖礼仪志愿者的选拔是"千军万马过独木桥"，许多满足条件的姑娘都跃跃欲试。面对紧身的瑜伽服，面对个子高挑、容貌姣好的竞争对手，面对20多位评委老师，我起初并不那么自信。当时的我觉得自己不够漂亮，甚至连身材都略逊一筹。好在选拔现场，我努力克服了胆怯，展示完制定的礼仪动作，机灵地跟评委老师"套近乎"："虽然我现在体重不达标，但我一定好好运动、好好减肥。"

凭借着"喜庆"的气质，我顺利从学院参与选拔的30位姑娘中脱颖而出。后来老师告诉我："每位选上的志愿者都有自己独一无二的特点，不必妄自菲薄，冬奥志愿者更多时候是在考量综合素质。选拔标准有统一的部分，但更重要的是每个人都有自己独特的气质。你的笑容和自信，就是最打动我的存在。我们要找的，是能展现中国大国形象的新时代青年人，从容大气而富有东方美。"我被老师的话鼓舞到了，之前的自我怀疑烟消云散。我更加坚定了"贡献青春力量"，为冬奥会出力的决心。既然我可以在考场上打动评委老师，我也要努力把这份阳光和自信带去冬奥的颁奖广场，打动国际友人，传递中国的温度。我虽然踏出了"手握话筒"的舒适圈，或许做不到心中的那个"最佳"，但每一次训练莫不是一次崭新的尝试。这里不是比谁更优秀的擂台，而是自我进步的修炼场。既然被认可，我就绝不轻言放弃。

礼仪美的技能训练

2021年的暑假过了还不到一半，我收到了冬奥礼仪志愿者培训的通知，提前跟父母告别，跟慵懒舒适的假期生活告别，坐上了前往集训基地的大巴车。

集训基地里，有小鸭子畅游的偌大的池塘、环境更胜于酒店的双人间、丰盛的三餐，还有可供闲暇时间运动的网球场，舒适而温馨。我们走进场馆时，已经有许多其他学校的人在排队了。那一刻我竟荒谬地觉得自己误入了"女儿国"，漂亮姑娘们排成长龙，叽叽喳喳，好不热闹。我们很快融入其中，欢快的气氛很快感染了整个大厅。

没多久，各式各样的绰号也在彼此熟络的过程中诞生，"赵姐""小松鼠""丁儿""兔子"……我们在训练中像战友，互相帮助调整动作，齐心协力做好队形；在生活中是姐妹，一起臭美畅谈心事，成为家人一样亲切的存在。在不同成长经历的碰撞中，我变得更加自信，明白如何爱自己，如何更好地生活，成为一个更多元和包容的人。

到自己训练时我才明白，电视上看起来只是美美地站着的礼仪，背后需要下多少苦功夫。我们的训练是连轴转的。早晨八点半进馆训练，十二点吃午饭，下午一点半练到晚上六点半，有时还要加上晚训。训练的日日夜夜里，我既紧张又期待，我们准备了那么多，就是为了颁奖那一天，我特别亢奋，很希望自己能够尽快地站上舞台，顺利完成颁奖。由于志愿者都是来自不同学校、不同专业，不可避免地出现训练水平参差不齐的情况。同那些有艺术功底的同学相比，我无疑要付出更多的努力。为了不拖大家的后腿，不影响整体效果，我学不会就自我加压、不断练习。毕竟笑容弧度、引导手势、托盘角度、步伐节奏……全都不容有失。颁奖仪式万众瞩目，是运动员的高光时刻，只有标准化、精细化，才能更好地服务对象、烘托情感。

最基本的是礼仪姿态和手势。站立时需挺胸抬头，小腿夹紧不能有缝隙，后脖颈与背在一条垂直线上，下巴微收，还要附赠一个标准的笑容。为了达到标准，礼仪老师们各显神通，想出了很多训练方法，比如在膝盖小腿间夹上一张A4纸、头顶名牌等。

由于新冠肺炎疫情，以往国际通行的冬奥会颁奖流程不再适用。为减少参加人员之间的接触，组委会取消了"托盘员"。这意味着志愿者需要自己托着重达十斤的托盘，给运动员颁奖，不可控程度大大提高。随着训练的推进，我们开始练习托盘动作。一个托盘的重量或许还可以忍受，但为了提前适应奖牌的重量，我们每个人的盘子里都加上了四瓶饮料的配重。此时再端起来，只觉得胳膊一阵酸痛。一旦动作不标准，礼仪老师便会突然出现，拍拍不舒展的后背，或是拔起肩颈。当时我不仅懊悔自己动作没做标准，而且感觉自己的态度不够端正，因此有些羞愧。倘若时间一分一秒地过去，但没有老师走过来，而且有汗水从额头、脖颈流下，我会感到很开心，因为这说明我的动作是标准的。

礼仪手势的训练是严苛的，身体和头微倾的角度是一致的，大臂、小臂的夹角是一定的，手指合拢倾斜的角度也是不变的，就连微笑时嘴角上扬的角度都是确定的……为了练习笑容，我们会面对面站立，将对方当作嘉宾，在彼此的指导下找到了最能打动人心的"标准笑容"。

一个人站得好还不够，必须得一排姑娘们都站得整整齐齐。于是当老师为一个人调整时，大家都要保持姿态稳定。一开始觉得这样是不公平的，然而时间久了便能明白，这正是在训练我们的团队意识、集体意识。后来，我们不再需要左右张望就能对齐，只要一声令下,便用余光互相锁定,动作行云流水、整齐划一,大牡丹花般的笑容洋溢在每个人脸上。

有时站久了,我的双腿已经麻木,眼睛却很灵动,思绪飞得很远很远。看着体育场里几个不同的方阵训练着各自的动作,背景板上是冬奥的标语,姑娘们穿着一样的训练服,每个人身上都洋溢着青春活力。这时我的眼睛会突然湿润,我在一瞬间突然感到无比的幸福,庆幸自己是如此年轻而富有生机,我还可以做很多很多事,未来一片光明。

◎ 赵溪雨(右二)因不满意自己的彩排动作哭泣,被礼仪老师和其他同为北体大的礼仪志愿者安慰

在日常训练中,我们每位伙伴都被要求熟悉所有的流程,能够根据不同的情景随机应变。如何严守疫情防控要求,确保运动员和嘉宾保持疫情防控距离、戴好口罩?如何在灯光的干扰下,让运动

员理解引领手势、不偏台？这些都需要引领运动员的礼仪人员随机应变。因此任何一次训练我都不曾掉以轻心，同时自觉尊重任何可能性。就比如，一旦需要上场，我就马上记起大臂、小臂的夹角度数，只有稍稍向上倾斜，才能将物品稳稳托住。

连轴转的训练和高强度的减肥交替进行，虽然很苦很累但我始终没想过放弃。同为颁奖礼仪志愿者的180多个小伙伴互相帮助、互相鼓励，让我深切地体会到了集体的温暖。虽然时常捏把汗，但只要想到颁奖礼仪志愿者可以近距离投身冬奥这项载入史册的体育盛会，就让我有了更大的获得感、更深的参与感、更强的满足感，并时刻充满斗志！

自信就是白天鹅

形象气质是礼仪志愿者必须要修炼的功课，我们的训练安排十分丰富，除了必备的礼仪课，舞蹈、模特等训练也是必不可少的。

从形体仪态、肢体的柔韧性到舞步的节奏，对我来说，这其中每一项单拎出来都有说不完的话。以柔韧性训练为例，虽然不会要求横竖劈叉这样的童子功，但单单一个抱膝坐就令我苦不堪言。看起来只是简单的坐姿，做到标准却很难：后背与地面垂直，不能弯曲，可双臂又要环绕双膝，如此一来，腰的支撑力就变得很弱，我的核心用不上劲，短短5分钟汗水就打湿了我的衣衫。好不容易熬过了舞蹈课，模特课的铃声又按时响起。五六个姑娘排成一排，按照老师双手的节奏向前走。双肩展开，头向上牵引，双手自然摆动，还要附上一个明媚的笑脸。我们一开始都觉得自己走得不错，却被老师批评不整齐。于是我们不仅仅要注意自己的姿态，还要保持和身边人一致的步频与步长。若是一遍走得不好，还会被随时喊停，调整姿态。

这些训练对于那些舞蹈、艺术体操专业的学生而言很简单，可对我这个硬如钢筋的人来说，其难度不亚于登天。当我的腿"饱经折磨"却只能略略打开90度时，舞蹈生朋友赵姐已经展着180度在托腮吐槽了："这还没平时训练难。"我只能没好气地白她一眼，继续虐待自己不柔韧的双腿。舞蹈课是为了训练美感，对于我岂是一个难字可以概括，小天鹅的舞曲如同魔音绕耳，那时我的内心疯狂播放"我好想逃……"但我不能逃，当着一群专业选手的面，我肢体不协调地跳着好不容易记住的动作，脸上红一阵白一阵，不仅是觉得自己的动作不漂亮，更是担心影响集体的整齐和美观。心里的压力也真的不小。

音乐声响起，教体操的黄老师似乎看出我带着心理负担起舞，过来拍拍我的肩说："放松点，你可是白天鹅。"我顿时绷不住了，摇了摇头："我顶多是只大笨鸭，什么都做不好。"黄老师脸上的微笑变得严肃："练习曲目原本是为了使你们的肢体更加协调优美，要是因此打击了你的自信心那就得不偿失了。"她盯着我的眼睛："你们每个人都是精挑细选出来的，舞蹈跳得不好没关系，你又不是专业的，但是要拿出精神气和自信来，这才是最打动人的。"赵姐也围上来拍了拍我的背，用漂亮的大眼睛认真看着我，轻声说："我觉得你进步很大呢！"我点点头，心里突然敞亮了很多。

当我跳华尔兹第三次迈错脚被拎出来做反面典型时，我完全摆脱了不好意思的心情，大言不惭地说："给我一点时间，我会进步的。"模特老师被我气得哭笑不得，但也给了我机会，决定下节课看看我的表现。于是当晚，我拉着丁儿月下共舞了整整两个小时，如果我没有多次踩到她的脚的话，这听着是挺浪漫的……总而言之，最终我还是学会了华尔兹，并收获了老师赞许的目光。

一个月后，迎来了最后的汇报演出，我们大家表现得都足够精彩。平时做引领时不爱笑的小雨姐笑得像朵盛开的大牡丹花，颁奖牌总是走得太靠前的小松鼠这次在规定的地点稳稳停下，至于我，终于走出了礼仪老师们天天强调的"女神范"，一改之前怯生生的姿态。一个月过去，我们每个人都收获了不同程度的成长。

汇报演出上，聚光灯打向我们，配合着音乐的节奏，我们依次而出。两位引导员的动作仿佛古代大家闺秀般行云流水，而六位托盘员步伐一致，从昂起的头到抬起的脚尖，无一处不洋溢着蓬勃的生命力。我作为其中的一员，在明亮的灯光下，尽情享受着观众的目光，绽放出自己最自信的笑容。那一刻我们的心中只有一句话："我们是中国姑娘，我们要走出中国的气势！"

2022年的北京冬奥会上，我们这群经受过严格训练的小战士，会用行动向世界人民展现出中国的风姿，给国家和人民交上一份满意的答卷，也为我们的青春留下灿烂的一页。

进入冬奥闭环初体验

2022年1月23日，满怀着期待，我终于乘坐大巴来到了张家口崇礼。出于疫情防控的需要，我们一行人正式进入冬奥闭环，准备为比赛服务。虽然来势汹汹的新冠肺炎疫情让身边人都为我感到担忧，但事实上，从筹备工作开始到最终结束，所有的环节都十分严密，纯闭环管理的环境也足够安心和舒适。

我们总共25位礼仪人员被分配到六号楼居住。四人间的房间不算宽敞但足够温馨，我和室友们迅速安顿了下来。收拾完房间后，我们选择四处走走熟悉环境，冬奥闭环的管理比我想象中更加严格，每个人都要遵守严格的线路，因此实际上我们可以活动的范围是十分有限的。在疫情防控常态化的背景下，这是保护我们安全与健康的最好方式。总而言之，我很期待后面的志愿服务生活。

◎ 赵溪雨作为冬奥志愿者铲雪

1月24日，我们正式开始工作啦，一大早我们就到了专属于礼仪的办公室，虽然不够宽敞，但"麻雀虽小五脏俱全"，很是不错。北京冬奥组委给我们每个人都派发了化妆品和护肤品，这是专属于礼仪专业志愿者的福利。随后我们试穿了服装，我经过数十天的减肥，顺利地穿上了服装。作为运动员引领员的服装整体是喜庆的红色。当天下午我们还初步尝试了走台，颁奖舞台比想象中还要气派。前期的舞台中央还铺着绿色的地毯，整个地面还裹着一层保鲜膜，一是怕我们踩脏了，二是防止下雪造成地面湿滑。

距离正式工作还有一段时间，因此前期每天的流程都是相同的，且不太紧张。上午化妆走台，下午带妆彩排，这让我们有足够的时间来熟悉这里的环境。张家口是个很神奇的地方，温差大且伴有强风，但若一味保暖又不可取。毕竟张家口的强光有照射一切的强大力量，我的双眼时常睁不开，明明脸被风刺得很痛，手也被冻得冰凉，但内衣却早已被汗水浸湿。张家口由于风大，所以天总是很干净且是湛蓝的，温暖的太阳撒在脸上总能让拍的照片看起来十分自然、舒展，且好看。

我们所处的位置四面环山，三层楼已经算是最高的建筑了，我经常在广场上望向对面的矮山，偶尔发现山上还会有前些天的积雪。半山腰上立着五环的标志，且这五环在晚上还会发光，是非常漂亮的标志物。

每日的训练都很枯燥，日子就这样一天天地过着，偶尔的惊喜也时常温暖着我们的心。1月27日来了几个外国友人，老师说是国际奥林匹克委员会专门负责礼仪的官员。我们把自己写的春联送给了他们，他们表示了友好，并感谢我们作为志愿者在这里服务。同时我们那天收到了作为志愿者的红色专属手表，很开心。之后我们还收到了一些其他纪念品，期待着早日收到冰墩墩和雪容融。

喜迎冬奥辞旧岁

此次冬奥会正值春节，喜庆的氛围和奥林匹克精神融合在一起，有种别样的年味。年味，不在乎地理距离的远近，只在乎我们彼此心的距离。这个年过得有意思又有意义。之前过年都是跟家人一起过的，但是这一次是跟不同领域的志愿者、是跟一群一起为了冬奥会奋斗的小伙伴们一起度过的，所以我很享受其中。

虽然这个春节不能与家人团聚，但是北京冬奥组委真的给我们提供了很多便利的条件，为我们举办了很多有趣的活动。期盼着春节的到来，我们也为春节的联欢会做足了准备，各个不同领域的志愿者都充分发挥各自特长准备了有趣的节目。美声专业的女孩教我们用美声唱歌，舞蹈专业的女生给我们编排了新年好的舞蹈。难以抵挡朋友们的热情邀约，我半推半就地学会了两支简单的舞蹈。当时北京冬奥组委还给我们发了麦克风和笔墨，让我们自己写福字。我们都感受到了北京冬奥组委的关怀。

过年当天，上午我们美美地化了精致的妆容，每个人都设计了不一样的发型——有朋友竟然梳了嘻哈的脏辫，女孩子们真是太可爱了！下午我们愉快地登台演出，收获了大家的一致好评。晚上我们一起吃自热小火锅、看春晚、玩狼人杀，直到夜里十二点才匆匆回到各自的房间。年轻人就是这样，凑在一起总有说不完的话。离家过年其实一点也不孤独，大家或许之前并不熟悉，但我们因冬奥结缘，一起工作、一起欢笑、一起度过了一个难忘的春节。

过年当天我跟父母视频，看到一家老小包括小狗都团圆了。我的家人都给予了我最大的支持，他们觉得这是一件特别光荣的事情。他们特别为我骄傲，让我好好地完成国家交给我的任务。

引领冬奥首金运动员

传统的夏奥会中，每项赛事决出金银铜牌后，会立刻安排颁奖仪式，并且会为金牌选手奏响国歌。冬奥会则不同，由于天气寒冷，为了选手的身体健康等考虑，在决赛结束之后，一般都只给获奖选手颁发奖品，而奖牌和奏国歌仪式会在第二天的特定区域进行。2022年2月6日，北京冬奥会的首场颁奖仪式在张家口颁奖广场举行，我有幸作为第一位出场的礼仪引导员，能够站上这个舞台引领冰雪赛场最优秀的运动员站上领奖台，并提醒他们站在合适的点位进行拍照，能够向世界展示中国青年的形象，我感到特别光荣！

在张家口零下十几度的低温下，我们作为礼仪引导员全程需要穿着七八厘米高的高跟鞋在湿滑的舞台上行走，还要保证每一步都走得既稳又不失美感。阳光明媚时，我们又会面临新的困难：太阳光直射舞台，反射进眼睛里格外刺眼。好在国家用科技手段为我们提供了有力的支持。我们礼仪人员的服装"别有洞天"。每种款式的服装内部都有一套可加热的保暖内衣，只要插上充电宝，内衣的几个部位就会发热，让我们充分取暖。

由于疫情原因，引导员需要佩戴口罩进行引导，眼睛就成为我们和运动员之间重要的交流窗口。眼神既要能沟通，让运动员理解我引导的方向，又要有笑意，让对方感到亲切。

与平时的演练不同，真正的颁奖仪式更令人激动和振奋，但也出现了许多突发情况。好的方面是我当天的状态很好，引领运动员时也做到了眼神的沟通和交流，但也仍有需改进的方面：首先，实际颁奖中运动员摘口罩需要时间，因此我们要观察场上情况，根据实际情况做出指引。其次，运动员拍照的实际距离有所不同，我们不能机械化记点位，要学会应变。再次，我们要明确礼仪的作用是引领运动员，而不是单纯的自我展示。最后，我们要提醒自己，不能着急，动作可以做得慢一点，更显舒展。

短短几分钟的颁奖背后，是众多工作人员的默默付出，凝聚着太多人的努力。冬奥会前的两周，礼仪人员、导演组、播报员、转播人员、志愿者……他们在幕后一遍又一遍地演练，只为确保这短短几分钟的完美呈现。

星火汇聚，我亦是光

两天后，我依然承担了单人颁奖的任务，比起第一次颁奖，我心中的底气更足了。令人欣慰的是，这次颁奖中我避免了之前出现的很多问题，状态依然保持得很好，动作也更加得体大方，我不会再因担心突发情况致使动作畏畏缩缩，而是大大方方地做出指引，与运动员沟通。

两次登台后，我反思到：指引运动员上台合影时，可以手势与英语交流相配合，要学会察言观色，不能强迫运动员。另外，也要学会等待，很多时候多等几秒钟再行动会更加稳妥，不然会有种手忙脚乱的慌乱感。点位拍照以服务运动员为主，时间反而是次要的，当然也要大致上对时间有所把控。

到第三次执行颁奖任务时，我的引领大体上已经没什么失误，与前两次相同都是单人颁奖。正如老师所说，单人颁奖才能显示一个人把控全场的能力，毕竟运动员少舞台大，一切都要靠引领员完成指引，否则看起来会十分尴尬。颁奖完成后，我对自己的表现进行了回顾，发现还有很多可以改进的地方，比如拍照点位指引时注意运动员与运动员的间距，不能机械教条地严格把握距离，而应在尽可能维持防疫需求的前提下满足运动员的展示需要。毕竟这是运动员的高光时刻，他们愿意离得近一点也无可厚非。而在时间的把控上，要注意观察，尽量不要打断运动员的高涨情绪。

值得欣慰的是，我能感受到自己与运动员的互动感在加强，并且可以通过眼神和简单的指令完成沟通，基本上不会有理解上的误差。而且对于个人状态而言，我也不再对舞台感到紧张，渐渐收放自如起来。适当的紧张可以保持亢奋，适当的放松可以使脑子更加灵活，这二者是可以平衡的。找到最合适自己的状态，就可以更好地完成任务。

2月10日，我承担了本日第一场颁奖的托盘任务，这对我来说是一次崭新的体验。过去我总觉得托盘没什么可练的，但一天的实际操作使我明白，无论是从重量还是技术来说，托盘都不是轻松的工作。戴着皮手套其实是很影响操作的，无论是把托盘放在桌子上，还是将其拿起，都需要熟练技巧。另外托盘还需要注意的是步伐的整齐和体态，如果两个人的步伐无法保持一致，视觉效果会大打折扣。而想要保持一致和整齐则需要反复地练习，在练习中形成配合和默契，只有这样才能将托盘工作完成好。

我们的工作是指引、是服务、是呈现。认清自己的定位，保持大脑清醒和灵活，才能做好自己的本职工作，才能将每一场颁奖近乎完美地呈现出来。无论在哪个岗位上，我们都应该做到自己的最佳。行动和态度缺一不可，这样才有美丽的中国气派。

我很喜欢自己的工作。仪式开始时，我便是全世界离运动员最近的人，近距离感受着他们的一举一动。我喜欢看他们跳上领奖台，震得角落的我也跟着一跃；我喜欢看他们或将嘴角咧到耳朵根，或失声抽噎；我喜欢看他们激动地拥抱到一起，尖叫、欢呼、相互赞美……这一切虽然不属于我，但每当我伫立在他们身侧，那份喜悦便触手可及。当国歌奏响，我的眼角也会一起湿润。体育是无国界的，却又总是带着爱国情怀的，我无法不热爱体育。

"爱凌，这儿！"

2月18日上午，当得知我可以引领谷爱凌的颁奖礼的时候，我的心几乎漏跳了一拍。老师当时嘱咐我说："你不要紧张，你就按照平时的状态去完成这个引领就行。"但是事实上对于中国夺冠这种场次的引领活动，我打心里感到很激动、很荣幸。因此我格外认真，也格外亢奋。我狠狠地点头，心想一定要对得起老师的这份信任。

下午彩排还算顺利，但在后台却遇到了突发状况。当时谷爱凌到达候场室的时候涌进很多人找她签名，所以我就更觉得自己幸运了，因为可以近距离接触到她。上台前我听到运动员的一声欢呼，心情变得更加澎湃。在台上的时候，按理说我们是要用英文跟运动员交流的，但是考虑到谷爱凌是中国人，是懂中文的，所以我跟她说："爱凌，这儿！"那一刻这种语言的切换，让我无比自豪。虽然夺冠的不是我，但这是中国的金牌。这种感觉是很特别的！

整体看来，前面的一切还算顺利，可是到了第一个拍照点位，我的动作就开始着急了，其实我的本意是希望运动员能尽快找到自己的点位，可是却忽略了动作的优美性。把三位可爱的运动员送离时，我竟然有些不舍，她们是这样的蓬勃有活力，她们的热情和亲切感染着我，令我更加珍惜这段回忆。回到办公室，老师指出了我的问题，在难过之余，我更加清楚应该时刻严格要求自己，努力成为一个值得被信任的人。

总而言之，当晚的回忆对我来说是极其难忘的。它美妙，因为它让我看到了一个光彩夺目的世界；它有益，因为它让我认识到自身的不足，并更加严格要求自己。我很珍惜这段经历，并下定决心在未来的日子里不断严格要求自己，希望自己越来越好。

冬奥传递中国文化魅力

在这次冬奥志愿服务活动中，有一位美国运动员，我甚至不记得他的名字了，只记得他是一位铜牌获得者。但是他很有特点，看起来也很热情。一天，我们俩聊天，我说："您的头发真的帅气。"他跟我说："谢谢！我的头发是在冬奥村的理发店剪的。"我说："那手艺可太好了。"接着他突然对我说了两个词"yyds、666。"我一下子就惊讶了。我说："这是谁教给你的呀？你懂的可真多。"这虽然是一件微不足道的小事，但我却想说，通过这场冬奥会，中国确实把我们很多好的文化、更多的细节展现在了外国友人面前。国际传播的意义就是把更多可爱的细节、更多的故事用生动的方式讲给世界人民去听。通过这位美国运动员，我确实感受到了这场冬奥会真的是讲好了中国的故事，让更多外国友人感受到了中国的魅力。人类命运共同体就是不分性别、不分人种，我们大家生活在一个地球上，我们就是兄弟。

那些最不屈的灵魂

冬奥会"一起向未来"的主题，让我对责任和担当有了前所未有的理解。冬奥会让我见证了人类最强健的体魄，而冬残奥会震撼人心的却是那些最不屈的灵魂。在引领这些获奖运动员的时候，我确实感受到了他们身上的力量，有时甚至超越了我的想象。

在准备冬残奥会的颁奖时，导演组和礼仪办公室做了很多预案，针对不同运动员在走上领奖台的时候可能遇到的不同困难，做出相应的应对。但是当真的来到颁奖现场的时候，我才发现是我"小看"这些运动员了，他们能够很自如地去克服那些困难，着实令人佩服。不过准备的过程还是让我更加关注细节，更加注意身边人的感受。因为每个人多考虑一些，可能就会给身边人提供多一些便利。

虽然自己站在台前，但背后却是一个完整的团队。礼仪引导员和其他奥运志愿者一样，在北京冬奥会这个大舞台上，都是一颗小小的螺丝钉，大家一起携手为冬奥会服务，每个人都有自己的责任，每个人都去完美承担，才有一场完美的呈现。运动员在赛场上分秒必争，工作人员在幕后确保万无一失，这都是属于中国人的冰雪风采！我相信我们和其他志愿岗位的战友的完美配合，向世界展现出了中国青年的阳光、自信和率真，为中国践行奥林匹克的承诺贡献出了应尽的力量。我相信未来会有越来越多的人参与到体育赛事中来，体育也一定会成为更多人的生活方式。我还有很多学习和成长的空间。我也将怀着热爱和憧憬再次出发！

追求卓越，志愿冬奥

——左登元服务北京冬奥会口述实录

口　　述：左登元　2019级　网络与新媒体专业
服务岗位：媒体运行志愿者
整　　理：徐若菲　2019级　新闻学专业

个人简介：

左登元，北京体育大学新闻与传播学院2019级本科生。曾在2019年举办的中国体育记者协会成立40周年庆祝活动中担任志愿者。2021年参与庆祝中国共产党成立100周年志愿服务工作。东京奥运会期间在腾讯参与东京奥运会转播及视频制作工作。

岗位介绍：

冬奥村媒体运行中心媒体运行领域专业志愿者主要担任记者工作间、混合采访区、新闻发布厅的助理志愿者服务，负责核验证件、成绩分发、巡场、媒体服务等工作。混合采访区助理负责核验证件、秩序维护，与相关领域协调对接工作。新闻

> 发布厅助理负责协助完成日常工作上报内容汇总，完成发布会前的准备工作和巡检工作，回答媒体关于预订发布厅的疑问，负责设施准备。

追求卓越，因冰雪结缘冬奥

之所以想要参加2022年北京冬奥会，我觉得很重要的一点就是我来自东北。东北地区最具地域特色的就是每到冬天，就会冰雪交加，一眼望去，整个城市到处都铺满了雪，而且雪期比较长。所以大多数东北人对于冰雪运动是有一定基础的。我也不例外，我有滑雪基础，也对滑雪知识有一定的了解。另外，由于和冰雪运动接触得很多，我也喜欢冰雪项目。我在小的时候就经常看一些冬奥会项目的比赛，比如花样滑冰、速度滑冰、北欧两项、冰壶等，因此我对冬奥会的兴趣是很强烈的。我不光是一名冬奥项目爱好者，更是一名体育运动的爱好者。长期以来，通过参与各项体育运动，我积累了许多专业的体育运动知识，所以我很期待将这些知识运用到2022年北京冬奥会中，真正将所学的知识付诸实践。

当我将想要参与北京冬奥会志愿工作的想法告诉我的家人时，他们都很支持我。我能感受到他们对于冬奥会这样一个与冰雪运动高度相关且是国际级别的盛会的高度热情，他们经常在我遇到挫折和气馁的时候支持和鼓励我，将我能参与冬奥会视为全家的一种荣誉。

我参与冬奥会志愿服务的报名选拔过程是比较曲折的。在学校我就参加了两次考试，第一次是OBS岗位的考试，可能是因为英语口语水平比较差的原因，那次考试我最终没有通过，自己感到很遗憾。第二次是媒体运行专业志愿者的选拔考试，这次选拔也是先进行了一次笔试。因为上一场考试的失利，我决心一定要通过这次的考试。所以这次考试之前，我特意向一些专门研究过冰雪项目的同学请教了专业的冰雪运动知识。比如说冰球这个项目，每节比赛有多少分钟，总共分为几节，具体的判罚规则有哪些……对之前忽视的一些内容进行了及时的查缺补漏，功夫不负有心人，最后我成功地通过了选拔。

考试结束后，北京冬奥组委相关业务领域负责人和我们学校以及学院的冬奥志愿者工作领导小组共同组织开展了一次面试。面试时有两个问题我一直记忆犹新：第一个问题是我参与北京冬奥会的热情来源于哪里？我回答因为我来自东北，热爱冰雪运动，热爱体育，更重要的是因为我是一名入党积极分子，我想要报效国家，服务人民。第二个问题是如果参与了北京冬奥会，自己可以做些什么？我的回答是，我会尽我所能，将我能力范围内所能做到的都发挥出来。对于一些我做不到的，或者说还没有掌握的技能，我也会认真地进行学习，尽自己所能完成北京冬奥组委交给我的任务。我顺利通过了面试，进入到北京冬奥组委的最后一次考核。北京冬奥组委在2021年11月20日举办了一场针对所有志愿者的压力测试，那是最后一项考核，我生活中就是一个抗压能力比较强的人，所以我很顺利地通过了压力测试，如愿以偿地成为北京2022年冬奥会的一名注册志愿者。

其实在整个报名到注册成功的过程中，学校设置的层层选拔是对我们学生的一种考验，也是对我们北体大校训——"追求卓越"的践行。我认为，作为中国最高体育学府——北京体育大学的一名学生志愿者，我必须要牢记"追求卓越"的校训，并在整个参与北京冬奥会的过程中践行"追求卓越"的精神。同时我也希望在参与北京冬奥会志愿服务的过程中，能够向全世界展现出我们北京体育大学学生这种奋发向上的形象。

另外作为北京冬奥会的志愿者，作为中国形象的代表，冬奥会是我们向全世界去展现新时代中国青年风貌的机会。我们应当怀着为参赛运动员、赛事工作人员、各国记者倾力服务的初衷，肩负着祖国的期望与使命，向全世界展示我们的态度：没有歧视，没有偏见；无私奉献，宽和待人；迎难而上，不懈追求。

◎ 左登元参加北京冬奥会和冬残奥会总结表彰大会

严格防疫,保障办奥安全

历经了严格的培训之后,我和其他参与北京冬奥村志愿的同学一起,于2022年1月23日从学校出发进入闭环,并于24日进入冬奥村持证上岗,真正意义上开始了冬奥会的媒体运行服务。在1月27日正式开村之前,我利用3天时间熟悉了场馆内的各条流线,以方便接下来志愿期间引导工作的顺利进行。

我们这个场馆其实就是在北京冬奥村之内的,但是它跟冬奥村的主体建筑又是分隔开的。将记者、公众还有参赛的运动员分隔开来,是考虑到在新冠肺炎疫情的特殊时期,避免闭环内疫情的交错,更好地实现安全办奥。

北京冬奥村的媒体中心里,防疫措施一直都很严格。我们试运行上岗的第一天起,就在工作过程中进行了功能区分派,安排专人负责,以强化责任的管控与落实,避免出现空岗的情况。同时为了强化执行冬奥村内疫情防控的总体要求,我们所有的专业志愿者在场馆内必须时刻佩戴派发的特别医用防护口罩。当我们需要在岗位直接接触外国媒体来访时,还会要求我们佩戴面屏,穿一次性的防护服。另外在我们往返休息区和办公区时还需要进行全身消杀,以降低因人员交流产生的交叉感染风险。

除了自身的防护之外,我们根据之前预开村的经验,确定了冬奥村媒体中心内场馆开放的区域和防疫措施。如媒体换证区、记者工作间、新闻发布厅等区域,我们需要进行早晚两次固定的大范围消杀,并对连廊休息区等人员流动频繁区域采取灵活消毒措施。

在第一次完成场馆内防疫消杀工作前,负责带队的老师就交代我：场馆内每天早晚两遍彻底的消杀需要用1.5升的水壶，再在水壶里配上4片消毒片。消毒的时候必须要关注到场地内的每个角落，每处地面都要覆盖到消毒液，同时空气也不能遗漏，对消杀过地面的地方还要针对空气再进行一次彻底消毒，要始终对消杀工作保持精益求精的态度。我们消杀的频率会根据人流的多少来适当调节：人流多时，尽量多消毒；人流少时，保持每小时消毒一次的频率。只有这样才能确保所有记者、参赛运动员、工作人员还有我们全体志愿者的安全。

夜以继日，普通却不凡的工作日常

北京冬奥村的媒体中心不是主要的媒体场馆，所以在这里只有比赛结束后或者当天有重要的活动——比如说冬奥会的开幕式和闭幕式——之前才会有各国的媒体来采访。具体来说，我们北京冬奥村媒体中心不是按照比赛时间来安排工作的，而是根据是否有热点事件发生或者是否有明星运动员的发布会等来安排工作的。

根据我们之前的工作区分区，不同工作区的同学要承担不同的工作任务。如负责记者工作间的同学需要时刻关注来访记者的需求，进行食品补充，协助引导等工作；负责媒体换证台的同学要接待来访的记者，核对他们的预约信息，交换记者注册卡，查验记者类别；而负责新闻发布厅的同学需要对发布会前的会场进行布置、设备检查，还要在发布会进行过程中完成秩序维护等工作；还有一部分是负责室外混合采访区的同学，他们的工作是协助记者或转播团队布置机位，并在机位布置完成后看守好通行流线，以确保发布会的顺利运行。

北京冬奥会正式开幕前正好是我们中国的传统节日——春节。除夕那天是1月31日，距离冬奥会开幕还有不到一周的时间，我们全体工作人员都在紧张地为开幕式进行准备，场地里的好多设备也都还没调试到位，所以那天的我们依旧像平常一样：很忙。如果不是一些特别的节日装扮，比如春联，我们大家根本不会注意到这天是除夕。

到了2022年2月3日，北京冬奥会正式开幕的前一天，北京冬奥村媒体中心迎来了访客高峰。全日流量达到饱和，繁忙时段场馆内人数达到100人以上。当天早上，我们志愿者六点起床，利用一个小时的时间洗漱、吃早餐后，乘坐班车从北京昌平的隔离酒店到达北京冬奥村的媒体中心，这期间差不多需要一个半小时的路程。到达场馆后我们的第一个任务就是消杀。按照规定的流程完成消杀后，我们就穿戴设备，佩戴志愿者注册卡，然后第一时间到达各自的岗位，开始当天的岗位工作。

当天我们场馆内预计将会举办10场新闻发布会。按照一场发布会一个小时的时间计算，我们至少需要连续工作10个小时，但实际上，发布会的时间比我们预计的还要长，从早上九点场馆开门到晚上九点闭馆一直没有停止过，这对人员轮休以及发布厅的消杀工作形成了极大考验，工作人员的压力非常大。在室外混合采访区，当日有多达9家媒体预约，100多名国内外记者前来采访，媒体采访的秩序、社交距离的控制以及媒体采访的间距等都给相关岗位的工作带来极大的考验，但好在点位的同学灵活应变，合理安排媒体点位，使整个混合采访区的工作井然有序地进行着。

按照原本的工作计划，那天应该上岗的有9名同学，但是换证台人员轮换非常紧张，所以最后又调3名正在轮休中的同学来帮忙，最后总共有12名同学在当日上岗。我们那天忙得连午饭都只能靠一名同学去打，他一个人打了将近14份饭带回来，我们轮流吃饭，轮到有的同学吃饭的时候饭都凉了。

那天晚上，有些记者为了尽可能完成更多的工作，就会踩点儿坐最后一趟班车回去。而我们志愿者所秉承的工作原则就是"记者不走，我们不走"。所以，我们也都很晚才回到驻地。

总的来看，开幕式前那天虽然很忙，但各功能区在遭遇高峰压力时，采用了具体情况具体分析的策略，根据功能区特性差别使用应对的方法。在疫情防控要求的基础上调整节奏，保证安全前提下提高效率，不失为我们每个人职业生涯中一堂鲜活的实践课，成为日后我们在工作岗位上面对繁重任务、突发情况时沉着、冷静应对的重要经验。

别开生面，体育新闻记者的尝试

有一位令我印象深刻的外国工作人员，她是OBS的转播经理西蒙娜·巴雷托（Simone Barreto）。作为OBS的经理，她在工作的过程中会尽力地维护OBS公司在北京冬奥会媒体中心的利益，她的处事风格令我非常钦佩。后来我在结束了北京冬奥会和冬残奥会的所有任务回到课堂的时候，正好有一门专业课是"国际体育新闻报道"，需要我们完成一份有关体育新闻的报道，所以我采访了她，并完成了一份采访特稿。

这是我第一次从外国工作人员的视角里了解到北京冬奥会的全貌以及评价，有利于我们全方位认识自己参加的盛会，获得更加全面、客观的指导与评价。

历历在目，职责、困难与友谊

  冬奥会结束后，我重新调换岗位到媒体换证台，进入冬残奥会运行期。我们志愿者与记者们直面交流的机会增多，需要以更好的精神面貌直接迎接各国记者的来访，这对我来说是一次更大的锻炼与考验。换证工作的复杂在于我们换每一个证都有不同的含义，比方说字母E就是代表文字记者，只有文字记者才能带这个工作牌进入媒体中心，这表示这位文字记者没有摄像权限。但是也有一部分记者既有文字采访权限又有摄像权限，所以我们换证台的志愿者需要根据记者的身份资料，还有来访的申请一步步确定他的权限。这项工作要求我们必须要注重细节，不能将记者的权限设置错，因为一旦出现错误，就会危害到OBS公司的权益。事实上，我们志愿者和OBS公司之间是一种互补和互相监督的关系，所以我们对这份换证工作负责、对记者负责，就是对OBS公司负责、对我们自己负责、对我们所代表的群体负责。在我完成了工作安排里的每一次换证任务后，我都感受到了莫大的成就感与荣誉感。

  工作过程中也会遇到一些小挫折，换一个思路想，这其实也是我的一种成长。有一次我在工作的时候不太注意把腿拉伤了。因为那是北京冬奥会的前两天，我们志愿者的工作量有点儿大，休息的时间也比较少。可能正好是我转身或者是下楼的时候，有点恍惚没有注意到，就拉伤了。受伤后我贴了我们学校在志愿者临走时发的膏药。场地中心的老师也很关心我，叮嘱我说如果还感到不舒服可以到冬奥村里的中医那边去看一看。但我之前在学校里也有过拉伤大腿的经历，知道处理大腿拉伤的方法，为了不耽误志愿工作，我没有去看医生，腿伤也在冬奥结束的时候恢复了。

其实在北京冬奥会的志愿工作正式开始之前，我认为冬奥会志愿工作就是一项跟我之前参与的中国共产党成立100周年志愿活动差不多的工作，但是来到了冬奥会的工作现场后，我的想法完全变了。之前的中国共产党成立100周年志愿活动，我们服务的对象是来自国内的工作人员和观众，不需要去接待外国工作人员或观众。平时在生活中我们也没有这样的语言环境，口语基础有点薄弱。但是这次的冬奥会志愿工作，要求我去直面只能通过英语交流的工作人员，语言的障碍毫不留情地出现在我面前。

一开始我很紧张，但是在经过两天高强度的英语交流之后，我也掌握了一些英语语言交流的技巧，开始能够听懂外国记者朋友说些什么，同时也可以准确地表达出自己的想法，提出我们志愿者的建议。

对我而言，每一项工作都是我应该做的事情，不应该推脱某项工作，或是觉得工作有好坏之分，我觉得完成每一项工作都是我的荣幸，我必须要尽全力去做好。

不能忽略的是，在整个志愿过程中，收获的不仅仅是志愿服务的经验，更有着大学三年以来未曾收获的同侪关系。因为疫情的影响，自大一下学期开始，我们与其他高校之间的线下课程、活动被迫暂停。不了解其他学校同学的学习生活与状态，是一件很可惜并且遗憾的事情。而北京冬奥村媒体中心志愿者团队虽然尽数由来自北体大各学院的学生组成，但共同奋战在同一场馆的还有来自中国传媒大学的5位工作人员。其中给我印象很深刻的一名同学是跟我们一起工作的OBS实习生，他是中国传媒大学通信工程专业的一名本科生。他工作起来十分认真，并且是一位善解人意、共情能力特别强的人,他还善于倾听,能与大家同甘共苦,所以我们成了很好的伙伴。

在工作之外我们的休息生活也很丰富,我们住的酒店有乒乓球、台球、跑步机等,还有电玩PS5的设备,满足我们的放松休闲需求,我和朋友们也会经常一起去玩。

◎ 左登元在北京冬奥休战墙留下的签名

另外,有一件令我印象很深刻的事。有一天比赛结束后,一位来自加拿大的高山滑雪运动员来到我们媒体中心附近的休战墙边休息。大家都知道冬奥村的休战墙上有各国运动员和工作人员的签名,当时雪下得很大,景色很美,他约了很多加拿大冬奥代表团的伙伴一起到那边,充分发挥了他们的涂鸦本领,画上了各种丰富多彩、五颜六色的图案。因为他们的涂鸦,还吸引了各国运动员去合影留念。仔细看能够发现，休战墙上有很多汉字、英文，还有很多我看不懂的文字，正是这些多样性的文字，使得休战墙中文化交融的主题更加突出和强烈地展现出来。

我记得很多媒体也在这里拍了照片，并报道说各国运动员、教练员、工作人员都在这里停下了竞争的脚步，一起来感受冬奥盛会带来的和谐和人类团结的意义。我想能在冬奥村里，尤其是在这个凛冽的寒冬之中，看到来自世界各地的人们发自内心的欢笑，这种世界人民大团结的景象让我们每个人都十分动容。

使命在肩，守护体育的净土

北京冬残奥会任务结束后，我进入了21天的隔离，逐渐回到自己的学习生活中，但这并不是北京冬奥的结束。这21天里，我整理着冬奥会志愿工作的回忆，短短的几个月带给我许多未曾想象的改变与经历。留下的照片满是欢笑，其中有两张特别重要的合照。一张是我们北京冬奥村媒体中心媒体团队最后一天的工作合照，另外一张是我们整个北京冬奥村媒体中心全体中外工作人员的大合照。虽然两张合照并不是在同一天照的，但每一次合照我都是眼里含着眼泪的同时脸上却会很自然地一直带着微笑。我觉得这种微笑其实是给我们每一个人的奖赏。我们出色地完成了国家和人民交给我们的2022年北京冬奥会志愿服务任务，并且在志愿服务过程中将我们优秀的形象传达、展现给了外国记者、媒体，还给予了参赛运动员优质的服务，收获了他们的赞扬。

从报名到最终结束了北京冬奥会和冬残奥会的志愿工作任务，我觉得用一个词来概括就是"去而复返"。这个过程虽然短暂，但是其中的内容却非常的精彩。我常会想起冬奥会过程中一些打动我的瞬间，也会回味一些我做得不到位的地方，或是我在冬奥期间的一些遗憾。其实冬奥会和冬残奥会的开、闭幕式我都没能去参加。我们场馆内去参加开、闭幕式的名额都是通过抽签来决定的，很遗憾我都没能抽中。我是通过驻地的电视机全程观看的开、闭幕式，我为张艺谋导演通过演出所表达的世界人民一起携手向未来的精神而感动。

  在那些与外隔绝的时间里，北京冬奥村并不是"孤岛"，而是一片体育的净土。从1月27日正式上岗开始，我们全体工作人员和志愿者坚守近50个日夜，每天12小时的志愿者服务工作在当时看来格外艰巨，想要完成却遥遥无期，但最终结束后又让每一个曾去过冬奥村的人念念不忘。我在冬奥村里遇到了跟自己相处得特别融洽的朋友，可结束冬奥会后也跟他们慢慢淡了联系。但是，这份真挚的感情我会一直放在心里，一直去怀念。北京冬奥会的经历也让我有了一个比较大改变，让我从更多的方面去认识更多的人，同时也从他们的评价或者从他们的眼光里更好地了解自己。在这里我们留下了欢声笑语，互诉身边趣事，畅谈人生理想，留下了许多美好回忆；在这里，我们留下了难舍的泪水，最不能忘记的是工作结束之时，大家留下的最真诚的愿望：待到大地回春，我们一定会再见面的。

  当然，最令我震惊和感动的是，在后来我无数次回想起北京冬奥会的那段日子里，我收到了一封特殊的邀请函：一封邀请我参加4月8日上午在人民大会堂召开的北京冬奥会冬残奥会总结表彰大会的邀请函。

  在表彰大会当天，受邀参加的国内高校有三所：北京体育大学、清华大学和北京大学。每所学校能够参与的人数不多,我们学校只派出了30名代表参加这次表彰大会。当知道我就是其中之一后,我体会到一种强烈的荣誉感和认同感。

◎ 北京体育大学北京冬奥会冬残奥会总结表彰大会代表团合照

4月8日上午,广场上到处都是其他学校和工作单位的老师与同学。当学校的两位领导到达会场后,第一时间就找到了我们志愿者,特别开心地和我们说:"好不容易找到你们,走,我们一起进人民大会堂!"

按照顺序,在所有冬奥会工作人员和志愿者进入会场后,冬奥会期间贡献突出,将要受到表彰的优秀个人才会进入会场。这其中有很多我们在冬奥会期间耳熟能详的名字,包括武大靖、谷爱凌、苏翊鸣、任子威等运动员。当他们入场时,全场响起了热烈的掌声,向他们致以最高的敬意,他们也热情地回应我们。

特别是谷爱凌，她给人的感觉非常亲切，脸上一直洋溢着温暖的笑容，伸着手不停地和大家打招呼。在表彰大会结束后，她还走到人群中，和我们学生交谈，跟大家一起合照，表达了她希望将冬奥会精神和冬奥会文化传递到学生中，然后通过学生再传递到社会中，将北京冬奥会精神和文化发扬光大的愿望。

会议中提出的胸怀大局、自信开放、迎难而上、追求卓越、共创未来等北京冬奥会精神既概括出了我们每一名工作人员的辛勤工作，也概括出了中国运动健儿、世界各国运动健儿在这场运动盛会中的卓越表现。同时也展现出我们中国推动全世界人民携起手来，一起为同一个理想目标克服万难、同舟共济，用最高标准去突破和创造奇迹，最终面向人类共同发展而努力的坚定决心和实践成果。

在奋斗中实现冰雪梦想

——许蕾服务北京冬奥会口述实录

口　　述：许蕾　2019级　新闻学专业
服务岗位：媒体运行志愿者
整　　理：孙海燕　2022级　新闻与传播专业

个人简介：

许蕾，大学期间担任2020年中国大学生"挑战杯"大赛"岩动传媒体育扶贫计划"项目负责人，团队获得2020年"挑战杯"首都大学生创业计划竞赛北京市银奖。在中国数据调查中心实习，参与冰雪运动及北京市垃圾分类等调查项目，参与"AI未来说·青年学术论坛（大数据专场）"学习。

岗位介绍：

媒体运行志愿者主要负责按照运行计划运行记者看台席，验证前来人员的权限，为文字记者提供路线指引和咨询服务；检查看台席区域设施设备情况，包括CATV（有线电视）运行、椅子数量、椅套摆放等；为入座记者分发训练或比赛队伍阵容名单和比赛数据等纸质资料。

赛前准备：燃烧心中冰雪之花

我从2019年入学之后，就有听闻2022年北京冬奥会的志愿者选拔的事。心中一直记着，并等待这个非常珍贵的机会的到来，可以说我在大一的时候就做好了心理准备。我曾在2021年的4月作为新闻发布厅的助理志愿者参加了在北京的测试赛活动。通过这个机会，我提前体验了一下冰雪项目的现场氛围。在那一次服务结束之后，我报名参加了北京冬奥会志愿者选拔的笔试和面试，并非常幸运地通过选拔，成为一名正式的冬奥会志愿者。

在本届冬奥会中，我服务于国家体育馆，是媒体运行领域的一名专业志愿者。从2021年9月确认成为北京冬奥会媒体运行专业志愿者正式储备人员后，我们就开始了系统的准备工作。在课业与培训时间的合理协调下，我先后参与了线上英语学习项目、媒体运行专业志愿者培训、志愿者通用培训、学校组织的冬奥大讲堂以及有关心理健康与情绪调节等知识讲座。经过几个月的培训，我对志愿服务、冬奥会项目、赛区文化等方面都有了相应的知识储备。

3个赛区、12个竞赛场馆、327枚奖牌、约19000名志愿者，对这场冬奥盛会，我们充满了期待。2022年1月22日，学校为我们所有的志愿者举行了出征仪式。那天正好下雪，我头一回看到一粒一粒的雪花落在袖子上，是那么清晰可见的美丽。"使命在肩，奋斗有我！北京冬奥！我们一起向未来！"那一刻，雪花在我们心中熊熊燃烧。

◎ 许蕾在记者工作间张贴"工作说明"

赛时服务：学以致用，展示体育新闻人的专业之花

进入闭环的第一天，我上午收拾好了行李，整装待发。中午和校内的朋友说了再见。下午一点，我们国家体育馆的志愿者出发了。在路上，望着窗外移动的景色，我的心也怦怦地跳着。激动与期待感油然而生。随后我们一起录制了志愿者出发的视频，记录下了这一难忘而富有意义的时刻。到了驻地酒店，在带队老师的指引下，我们有序地进入了各自的房间。房间的设施和物品都非常齐全，为我们提供了非常舒适的休息空间。整理完行李后，我们于下午三点参与了首都高校冬奥志愿者同上一堂"冰雪上的思政课"的活动，聆听并学习了短道速滑世界冠军王春露讲述的冬奥赛场上的

励志感人故事。听完讲座后，我撰写了北京体育大学临时党小组参与本次活动的新闻稿。随后我和室友一起下楼做了当日的核酸检测，然后去了驻地的餐厅，品尝了闭环后的第一餐。有鱼排、狮子头、青菜、茄子、菠菜蛋汤……非常不错！吃完饭，我们回到了各自的房间，带队老师给我们进行了有关注意事项的培训，驻地的工作人员也针对餐饮、防疫等方面进行了演示和培训。

闭环开始去场馆的第一天，在经过一番整理休息后，我们开启了活力满满的新征程。早晨在驻地酒店美美地吃完早餐后，我和伙伴们一起上了班车，窗外开始飘起几片稀落的雪花。进入场馆后，我们开始学习看台席助理志愿者所负责的工作内容，包括张贴文字记者看台席的引导标识、安装椅套、检查设备运行情况、报备区域物理设施安全隐患等。我们跟随带队老师，来到了二层的看台席。围绕着亮堂的冰场，一列列队伍整齐有致，充满着满满的仪式感。随后，场馆各领域的负责老师进行了相关知识及注意事项的讲话，对我们进行了培训，这也让我心里有了底，面对之后的工作更有把握。培训结束后，我们来到了文字记者工作间进行休息。下午，我们领取了场馆为志愿者准备的物资，有口罩、消毒剂、杯子、医用包，还有一个精致的工作小册子，我很喜欢。我们还认识了媒体运行各工作领域的主管老师。随后主管老师带我们来到了各自的工作场地。我是看台席的助理，所以我们领域的一队人走了一遍看台，对工作流线和内容进行了基本的了解。之后我乘班车来到场馆，和一位志愿者伙伴一起录了《燃烧的雪花》这首歌曲祝贺新年，上午我们在文字记者工作间开了会。之后部门经理对我们接下来的工作安排进行了展开讲述，各个分区的主管老师也对我们进行了更为详细的培训。老师们都提到最重要的一点就是注意安全、注意防疫安全。其次就是热情互动，在工作的时候认真工作，在工作之余多多互动、互相帮助。会议过后，大家的热情更加强烈。随后，我们看台席的主管老师带着我们再次熟悉了媒体运行区域记者的路线，我们对自己的工作有了更多信心。在工作上，主管将国家体育馆看台席区域进行了划分，然后分配给每位志愿者，使得每个区域都有对应的2—3名负责人，便于赛时服务和沟通。此外每日工作开始之前，主管会于线上通知排班情况，将训练馆的工作分配给每位志愿者，进行轮班服务。主管在工作上的指导以及团队成员之间的分工协作，不仅提高了工作效率，还推动了期间赛事服务的顺利开展。在生活上，主管十分关心我们志愿者的生活，主动在我们遇到问题时提供帮助。志愿者和主管之间的关系也十分融洽、友好，大家一起庆祝生日、祝贺春节、互赠祝福等，其乐融融。总的来说，记者看台席团队是一个团结、友爱、热情、高效的整体。我觉得记者看台席的团队给了我工作中的归属感，不仅在工作中我们互帮互助，而且在生活中大家也都有志趣相投的感觉。

在赛事期间我们也遇到过一些问题，我们通过解决问题不断汲取服务经验，并定期进行总结记录，以便提高服务质量和效率。

一是要严格按照场馆分区进行区域验证管控。在赛事期间，存在场馆其他领域的部分工作人员、志愿者及运动员和技术官员为了观看比赛而坐到文字记者席位的情况。当出现这种情况时，记者看台席的志愿者会上前解释原因并且进行劝离，引导其前往正确的席位。冬残奥会的时候有一位记者，他是坐着轮椅来我们看台席的，但是在比赛开始之前，他觉得这个位置的视野不太好——看台席的栏杆挡住了他的视线，影响他观看比赛——我当时和另一名同学一起负责那一区域，就通过沟通和交流了解到了这一情况，我们立刻联系了我们的主管老师,跟他说明情况。没过多久,就有主管老师带着一些工作人员,包括我们媒体运行领域的一个老师,来到我们的看台席,在比较空旷的地方临时搭建了一个记者工作的席位,就是为了那位记者能够有更好的观看体验。我的印象中整个临时搭建的过程,应该是在半个小时以内就完成了,效率非常高。我觉得我们的服务做得还是比较好的,配合得也很到位。

◎ 许蕾在整理记者看台席桌面

二是处理非摄影记者进行拍照摄录以及摄影记者在文字记者看台席进行摄录的情况。第一,非摄影记者进行拍照摄录。在比赛记者看台区域出现非摄像类型的记者进行拍照和录像时,志愿者会及时上前劝阻。在运行团队有了一定比赛经验及相关规定更新后,在不影响文字记者工作的前提下,在处理这两个问题时,会更加弹性灵活。第二,摄影记者在文字记者看台席进行摄录。赛事开始期间,会出现部分摄影记者在文字记者看台席上架机位进行摄录的情况。当出现这种情况时,志愿者会劝离摄影记者,并告知其前往摄影记者可以进行摄录的位置，或者指引其前往摄影工作间询问摄影领域的工作事宜。我们志愿者需要眼看四方，观察有没有这样的情况发生。我们还要提醒媒体记者保持一定的距离，控制社交防控的距离，戴好口罩。我们偶尔会遇到一些外国媒体记者不听劝阻，还在原地继续纠缠的情况，这虽然是一个不可控的因素，但是这项工作在我们的职责范围之内，我们就尽力把它做好。我们看到了这种情况，还是会上前去提醒他们。

三是与看台技术服务保障人员建立高效的沟通合作关系。在赛前或者赛时，媒体带桌看台席上的CATV显示器会出现无法正常运行的情况，影响记者的正常工作。志愿者会随身携带CATV遥控器，当临时出现这种情况时，会有一名志愿者第一时间排除简单故障，即首先检查电源开关、数据线接口是否正确等，另一名志愿者立即联系技术人员反馈设备问题，在线获取可行的解决方法（技术人员同步前往现场）。若在以上操作实行后，显示器仍然无法正常运行，则等待技术人员前来解决，志愿者可为记者指引空余席位继续进行工作。还有，由于疫情的关系，各个部门防疫情况不同，我们当时要按照注册卡的分类，在看台席入口核验，哪些人是可以进入记者看台席看比赛的，或者是可以坐在带桌看台席的。一般能来的就是文字记者、摄影记者，他们有自己固定的位置，我们岗位一般负责文字记者，还有一些转播商等。但是也会出现这样一种情况：一些部门带着自己的领队，作为具有一定权限的注册人员来到我们的领域，但是我们可能没有收到通知，这种情况需要我们去和主管老师进行沟通，或者是和对方进行沟通，相互协调去解决信息延误所导致的问题。这些问题通过有效率地联系、沟通，最后都能解决。整体来说，工作过程中难免会遇到一些困难情况，大都都能够高效地解决，保证我们所服务的岗位运行维持在正常的状态上。

　　服务冬奥的第29天是男子冰球铜牌赛，对阵双方分别是斯洛伐克男冰和瑞典男冰。这场比赛很重要，所以当天我们全体志愿者都上岗。上午十点从驻地出发，第二天凌晨两点十分回到驻地。到场馆后，如果提前于到岗时间到达场馆，我们会在休息室做一些准备工作，等待同岗位的同学一起去往记者看台席。一到岗位，我们会核对座椅的数量以及检查电视运行是否正常。然后我们会分工，把不带桌的座位上的椅套套好，以整洁的面貌迎接各国记者。等到热身训练快开始的时候，我们便会站在固定的入口，迎接记者的到来，并解答他们的问题，帮助指引路线。在比赛中，我们会对看台席上的记者人数做时段的统计，时刻观察记者们是否有不符合场馆规定的行为，并及时提醒他们。比赛结束后，我们会对看台席的座椅进行清点并且关闭电视。工作结束后，我们乘坐固定的班车，回到酒店休息。一天的工作快乐而充实。工作中我感受比较深的是，每一场比赛只有来到现场才能完全地体会氛围。比如说我站在看台上，可以听到全场的呐喊欢呼。因为我们那个看台席是专门为记者服务的，我们的上面一层是提供给外国代表的观看席位，我们可以看到外国朋友的各种加油方式，如用自己带的一些小物件发出一些声音、吹一下口哨等，都非常有感染力。对面的观众席也会随着比赛节奏的进行，有一层接一层、一浪接一浪的欢呼。我觉得在现场观看比赛，感受是比较多维度的。我们可以看到运动员在场上那种拼搏的姿态，真的会非常震撼。印象比较深的是男子冰球铜牌赛，赢得胜利的队伍队员间相拥而泣、相互拥抱、抛球杆、在冰场上滑行，跟周围人打招呼，整个气氛瞬间就提起来了。

共事友谊：绽放冬奥现场交际之花

志愿者在张贴标识的过程中相互帮助，在领取物料时互道谢谢，在碰见搬运物资的同学时会毫不犹豫地帮忙。短短几天，我们就成了一个密不可分的团体。面对眼前的一切挑战，我们都充满了信心和力量。服务冬奥的第17天，我是晚班，这一班次和我一起的有10名同学，我们逐渐成为好朋友。无论之前有没有交流，我在路上碰到穿着志愿者服装或者工作服的人员便会打招呼。作为一名冬奥会志愿者，我对场馆中遇到的每个人都是以微笑去面对。这不仅是对我们志愿者的基本要求，也是我们发自内心想要去做的事。在服务现场，我们志愿者之间结下了特殊且深厚的友谊。

我所在的看台席位，也有一名做志愿者的同学。他有一个爱好是现代折纸，会折出各种各样的、非常可爱又栩栩如生的折纸，有企鹅、枫叶、小狗等。他在工作之余会教大家折纸，这算是我们在志愿服务过程中的一个休闲娱乐活动。工作之余，我们在休息室里一起学现代折纸，相互交流，促进了我们志愿者之间的情感交流，也给我们带来了一种心情上的愉悦。我们还会把折纸送给一些外国的记者朋友，或者是场馆里的工作人员，和他们分享快乐，我觉得这件事是挺有意义的。除此之外，因为来场馆报道赛事的一些记者来自外国，还有在场馆工作的一些工作人员，他们也来自不同国家或者地区，每个国家或地区可能有不同的具有代表性意义的动物或者植物，比如说加拿大的枫叶，我们会用折纸的方式传递文化和友谊，我觉得挺有意义的。

服务冬奥会的这段时间，说短不短，说长不长，却给我留下了许多深刻的记忆。在工作期间，我充分运用掌握的志愿服务知识和英语技能等，热情友好地服务记者，协同维护看台秩序。当然，我在工作上也还存在不足，比如在比赛期间记者人数达到高峰时，没能及时维护椅套、英语口语还不够熟练等问题。通过本次志愿服务工作，我运用自身所学，在发现问题的过程中及时应对、解决问题，为冬奥会和冬残奥会的顺利开展贡献自己的一份力量。在此次志愿服务中，我发现与外国朋友交流实际上是对我们口语熟练程度和灵活度的检验，需要我们听得懂且说得好。到目前为止，服务冬奥也许是我和外国人交流次数最多的一段经历。所以，每一次交流对我来说，都是机会和考验。每一次成功的对话、问题的解决，都是对自我价值的肯定。有一次我在看台替班，刚好那个时间没有训练也没有比赛，我看到了一个外国人一直在看台楼梯站着，旁边还有几个同伴，就上前去打招呼，顺便查验一下证件。我问他们有什么需要我帮忙的，其中一个人回答说，他们只是想来这里看一下训练，不巧这会儿并没有训练。之后我们交流了自己喜欢的体育运动项目，他也给我介绍了他们国家优秀的运动员。非常意外的是，那天正好是他的生日。我一开始还没有反应过来，后来他非常友好地在手机上给我打出了"It's my birthday"。当我反应过来的时候，我表示非常惊喜，并且向他说生日快乐，表示祝福。通过这次对话，我也意识到，原来我可以用英语和别人交流这么多，这增强了我在之后学习英语口语的信心和兴趣。

得到友好的回应，是我们一天中喜悦的累积。每天走在路上，都会遇见许多外国记者和其他工作人员。"Hello""Thank you""Good"等词常萦绕在耳边，简单而热情。好几次，当外国记者向我说"谢谢"，我真真切切地感受到惊喜和感动涌上心头，瞬间又充满了动力。走在路上，遇到每个人，我都会向他们微笑，朝他们挥手。想到曾听过的一句话，"你的眼睛笑起来弯弯的，很漂亮"，微笑，就是这样从不经意间开始，并想要继续保持下去。在每一次对话中我都会获得进步。我所在的岗位接触最多的就是前来观赛的各国记者。根据冬奥会期间的服务经验，我认为良好的英语听说能力是做好这项工作的基础，对场馆流线以及相关规定的熟悉和掌握则是非常重要的知识储备。记得有一次在看台站岗的时候，我看到一名外国女士站在看台的楼梯口，左右观望。我便走上前去问她是否需要帮助。她向我表示自己想去训练馆，但不知道怎么走。由于训练馆距离竞赛管看台有一段距离，我便同她一起前往训练馆。但到训练馆一楼后，她皱了皱眉，表示这不是她想来的地方。事实上，我当时心里是顿了一顿的，怀疑是不是自己没有听准确而带错了路。于是，我再次询问了她具体想去的地方，得到的回答确实是训练馆。后来，她向我表示自己可能弄错了，便通过手机询问，并给我看了消息中的地址——Capital Indoor Stadium（首都体育馆），我才明白她来错了场馆。因为国家体育馆和首都体育馆的英文名词确实很相近（National Indoor Stadium 和 Capital Indoor Stadium），容易产生误会。明确问题所在之后，我同她一起回到了竞赛馆，并帮忙指了乘车位置的路线。走之前，那位女士从口袋里拿出了一枚北京冬奥会的纪念徽章，以此作为感谢送给了我。

在冬奥服务中我深刻感受到了我的母校——北京体育大学对我的培养，无论是平时在学校学到的专业的体育知识，还是在我们服务过程当中，主管老师对我们的指导和帮助，都让我受益良多。平时在校内学习专业方面的知识，我们的专业课的老师都会给我们普及一些重大体育赛事的媒体运营或者是体育赛事展示方面的专业知识。这次志愿经历是非常有实践性的，我们来到了现场，真正亲身实践，在知识素养上得到了一个质的升华，实现了从理论到实践上的跨越，也是从头脑上的想象到了现实的实现，这对我们的帮助是非常大的。虽然我所在的岗位是媒体运行的岗位，和体育展示这一块没有太大的关联，但是我在媒体看台席工作的时候，会经常看到场馆对于体育展示的一个演练，或者是正式比赛开始之前的一个彩排和正式的一个展示，以及比赛过程当中的一些体育展示的内容。在体育展示这一门课程中，校内的老师给我们讲过一些关于体育展示的内容，包括赛前预热、赛中赛后的比赛内容、现场观众的反应情况，以及现场的音乐播放、互动的环节等。由于教授我们体育展示课程的老师经常参加一些体育赛事活动，拥有非常丰富的体育展示实践经验，所以他在课堂教学过程中，会结合他的亲身体验和有关方面的理论进行课堂讲授。在他的课程中，我们能够非常真切地了解赛事当中的环节。正是因为有了这扎实的课上学习基础，我才能在工作的时候不会感到迷惑，了解到其实这些场上看似比较轻松的一些展示，其实背后也是有非常多的工作人员或团队的付出。我知道体育展示能增加一个体育赛事与人之间的互动，使观众参与到这个比赛当中，增加现场比赛的一种氛围感，进行一种气氛的烘托，能够将置身于这个场馆中的人们带动到一起，带动到这个比赛中来。令我印象深刻的是国家体育馆的体育展示，在开场之前有一个类似于灯光秀的环节，配乐是《金蛇狂舞》的改编版，我对那首乐曲印象非常深刻，它不仅结合了中国优秀的传统乐曲，还融入了比较现代化的一些有节奏感的编曲，是比较活力的一种风格，我觉得这就是传统文化和现代编曲的碰撞所带来的别样感受，一方面，这样的改编使对这首乐曲耳熟能详的我们产生了新鲜感，另一方面，这样的改编又对外国友人和运动员产生了吸引力。所以我觉得，就是这样一个小小的乐曲的改编，所呈现出来的却是我们制作团队背后的一种创新，或者说是一种魅力，他们能够把这样传统的优秀的乐器应用到这样重大的体育赛事当中，并发挥了非常大的效用。

"我给你们普及一个知识。你们知道咱们的冰球场的宽度为什么是26米而不是30米吗？因为如果是30米，冰球容易打到场边。如果是26米，冰球就不容易被打去边上，有利于提高观赏性。"这是在一次观赛的时候，一位老师同我们讲的。还有类似的许多次偶然，许多次面对面的感叹——"嗷嗷，原来是这样"。在志愿服务中听学，在实践中感受冰雪的熏陶，我们由衷地感叹知识无处不在。不仅仅是老师，这里还汇集了来自不同学校、不同专业的青春力量，大家各有所长。在交流的过程中，我们分享自己的经历，互相帮助、共同成长。有高年级的学姐、学长为即将准备各种考试的同学分享经验；有学小语种的同学教伙伴一起体验语言的奇妙；有来自不同地区的同学介绍自己的家乡美食，身在其中，我们由衷地欣赏彼此。

何其有幸，我能够作为一名专业志愿者服务于北京冬奥会和冬残奥会，为冬奥盛会的成功举办贡献一份自己的力量，在志愿服务中见证祖国冰雪运动健儿突破自我、实现梦想的追梦风采。我在冬奥会结束的时候写下这样一句话，"和冬奥会告别，与冬残奥会相约。以这一阶段的成长迎接下一阶段的挑战"。现在，我在北京冬奥会和冬残奥会的服务已经圆满结束了，在和大家分享这段经历时，我还是想说："以这一阶段的成长迎接下一阶段的挑战，人生就是在成长与挑战的更迭中不断向前。"新时代是追梦者的时代，拥有梦想的我们，当不负韶华，激扬青春，通过拼搏实现人生价值和理想，弘扬时代主旋律。我坚信，在党的领导下，我们将继续脚踏实地，在奋斗中创造精彩人生，为祖国和人民贡献青春和力量！

赛后回顾：被需要也是一种幸福

当国际奥委会主席托马斯·巴赫在本届冬奥会闭幕式上向服务北京冬奥会的志愿者致谢时，我控制不住自己的情感，随着现场的运动员和志愿者一起欢呼鼓掌。因为每一次历练，每一次青春风采的激扬，让每一个为之倾情、为之奉献的我们都禁不住感动、自豪，这是一场无与伦比的冬奥会。作为服务赛事的志愿者，我感到无比荣耀又感慨万千。当最后的欢呼声落下，我在冬奥会的服务已步入尾声。在2月20日晚的北京2022年冬奥会闭幕式上，"谢谢中国！""谢谢你们，中国朋友！""志愿者，谢谢你们！""祝贺中国！"国际奥委会主席托马斯·巴赫在致辞中4次使用中文，向中国表达感谢与祝贺，并称这是一届真正无与伦比的冬奥会。根据2月21日国际奥委会分享的一组数据，超过100万人申请成为北京冬奥会志愿者，约有19000人被选中参与志愿服务。有幸成为一名北京冬奥会志愿者，这将是我人生中一次难忘的经历。此外，国际奥委会的报告还从体育竞赛、性别平衡、场馆、媒体与转播、数字化、遗产、教育、可持续等8个方面进行总结，表明了国际奥委会对北京冬奥会极高的评价。数字化互动最广泛的冬奥会、转播时长最长的冬奥会、开幕式收视率最高的冬奥会，北京冬奥会在赛场内外都创造了历史。

◎ 男子冰球金牌赛时，许蕾在记者看台席站岗迎接记者

伴随着绽放的烟花、伴随着《友谊地久天长》的歌声，流光中的那片雪花，带着我们的不舍飘向空中。很幸运在这里，在国家体育馆，我们分享时间、心情、经历，我们展现力量、热情、温度，我们践行奉献、友爱、互助、进步。感谢奥林匹克，不只有速度，更有温度。我是志愿者，是万千志愿者中的一个。疫情未息，但我不惧。因为祖国母亲的哺育，我们得以健康幸福地成长，当国家需要我时，我们应当奋力向前。冬奥不论政治，无言歧视，这是全世界的一场盛会，是促进各国友谊、展现中国风貌的契机。疫情期间冬奥会的成功举办不仅仅展示了中国体育的雄厚力量，也弘扬

了中国文化的精神与体魄。在这里,我们热情平等地接待每一位来宾,他们的微笑赞许是对我们最大的鼓励。"被需要是一种幸福。"这是我这段时间在冬奥会上最大的感受。在岗位服务中,我接触最多的就是前来观赛的各国记者。我热情主动帮助记者们解决遇到的困难,也向各国记者展示了中国青年的热情友善。北京冬奥会是一次盛大的国际赛事,也是一个交流与学习的平台。我在与老师、其他志愿者和工作人员的相处中受益匪浅,也时常感受到他人对自己价值的肯定。这堂最生动的思政课,将会成为我一生中最宝贵的回忆,也激励着我们把北京冬奥精神贯彻到学习、生活中,不负韶华,勇敢追梦。

与世界上最优秀的摄影记者交流

——肖帅龙服务北京冬奥会口述实录

口　　述：肖帅龙　2018级　新闻学专业
服务岗位：摄影运行助理
整　　理：孙海燕　2022级　新闻与传播专业

个人简介：

肖帅龙是北京体育大学新闻与传播学院新闻学专业2018级的本科生，北京冬奥会志愿者服务期间，在新华网、天目新闻客户端发表与冬奥会相关的新闻稿件10篇，涵盖各个报道类型，全网总阅读量超110万。此外，在个人社交媒体平台发布的冬奥会系列视频作品也获得了数十万的播放量。

岗位介绍：

摄影运行助理，工作地点位于国家体育馆。工作内容是为摄影记者提供相应的咨询服务；维持摄影工作间的秩序；向摄影记者发放储物柜钥匙，并做好记录；完成辅助通行物的发放和更换工作，并做好记录；在媒体入口验证点与安保人员协作，验证人员身份；引导摄影记者前往正确的媒体流线，确保摄影记者不会进入非媒体领域。

冰球奇缘，让瞬间成为永恒

北京冬奥会期间，我以一名摄影运行专业志愿者（摄影助理）的身份参与到这项大型体育赛事中。我们国家体育馆摄影运行团队的岗位职责就是在自己负责的功能区做好摄影记者的服务工作，包括在摄影工作间的咨询台解决摄影记者提出的相关问题、及时在白板更新赛程和成绩公告、为摄影记者提供更换袖标、登记储物柜使用信息、指引摄影记者到达特定摄影位置等。简而言之，我的工作就是让摄影记者能够更好地工作，捕捉决定性瞬间，让瞬间成为永恒。

我所在的场馆是国家体育馆，这里承办北京冬奥会部分女子冰球比赛和全部男子冰球比赛。我于2019年第一次接触冰球，当时在学校新建的北体大冰上运动中心观看了丝路冰球超级联赛和VHL（俄罗斯超级冰球联赛）部分场次的比赛，这让我对冰球这项运动有了更多了解。和冰球的结缘不仅对我冬奥会志愿者的选拔大有益处，也经常助力我的服务工作。我在工作间遇到过一位摄影记者，从他身边路过时我看到他正在Lightroom（一款图像处理软件）里面修刚刚拍摄的中国国家男子冰球队训练的照片，因为我之前看过一些昆仑鸿星的比赛，所以对中国男冰的这些队员还算有些了解，借此我便和他聊了一会儿。不久就了解到，他对冰球也不太了解，中国队25人大名单中人名和长相也对不上，而我刚好知道，所以就在他修照片的时候给他介绍了一下，之后还聊了很多关于体育摄影的话题。

我觉得我们学校的很多体育场馆与基础教学设施非常先进，在

4年的学习中不仅为我们积累了丰富的理论知识，还为我们提供了大量的实践机会。

◎ 1月28日肖帅龙于国家体育馆

我所在的摄影运行团队的志愿者1月24日—1月26日在场馆进行培训。1月27日开始上岗工作。每天上岗时间不固定，需按照赛程安排来定。日常的时间安排是志愿者两班倒，分早班和晚班。熟悉摄影记者工作模式对我们来说相当重要，这也是我们工作前期主要在做的事情。从1月24日进入场馆第一天，我们摄影运行经理、主管就跟我们说，要想更好为注册摄影记者提供必需的服务和设施，确保摄影记者能够在赛时捕捉到精彩瞬间，并且迅速将拍摄的新闻图片高速传播，让世界各地即时共享精彩非凡的奥运盛事，我们就必须要熟悉大型体育赛事中摄影记者的工作模式并做好前期准备。例如在实际工作中，摄影记者通常会随身携带多个机身和镜头,"长枪短炮"在身就导致他们的器材装备很重,上下楼梯不太方便,所以相比于楼梯,摄影记者更喜欢乘坐电梯前往摄影位置。因此明确地告知来到场馆的摄影记者电梯的位置和去哪个摄影位置需要乘坐几号电梯这个信息就很重要。赛前我们的岗位培训也多是熟悉摄影记者工作模式、了解已经规划好的摄影位置及摄影记者的流线等。

专业保障助力摄影记者,让服务成为冬奥名片

我所在的国家体育馆摄影运行团队共有23人,其中包括摄影运行经理、副经理、主管3人以及20名摄影助理志愿者。20名摄影助理志愿者通常在摄影记者工作间、FOP入口、媒体入口、训练馆摄影位置、FOP摄影位置、摄影位置B、摄影位置C、摄影位置D、摄影位置E、摄影位置F等工作岗位工作。每个岗位的运行任务既有相似也有不同。但都只有一个目标——解决摄影记者在工作过程中遇到的大大小小的问题。了解国家体育馆摄影点位是我们为前来拍摄的摄影记者服务的基础,所以我单独介绍一下国家体育馆的各个摄影点位。

在国家体育馆服务的这两个月的时间里,让我对国家体育馆的摄影点位相当熟悉,包括各个摄影位置如何划分,划分的依据有哪些,不同摄影位置拍摄视角有哪些不同等。我相信对于所有体育摄影爱好者或者有志于从事体育新闻摄影这一职业的同学而言,了解这些赛事摄影运行内部逻辑还是很有价值和意义的。国家体育馆的摄影位置可以分为普通摄影位置和特殊摄影位置。国家体育馆里一共划分了6个普通摄影位置,分别是FOP摄影位置、摄影位置B、

摄影位置C、摄影位置D、摄影位置E、摄影位置F。通过我的观察，这6个摄影位置是各有优劣的。

首先是FOP摄影位置它离运动员最近，一共32个摄影点位，且每个摄影点位都提供电源、网口，方便即时传输图片，每一个想进入FOP拍摄的摄影记者都需要到摄影工作间前台更换FOP袖标，有了这个袖标才有进入FOP的权限。除了IOPP（奥林匹克国际摄影队）成员可以预定摄影点位外，其他都是先到先得。在没有比赛没有工作的时候，我在FOP转了几圈，观察了比赛场地周围的相机。其中一个特殊摄影点位是在球门里面，这个角度加一个广角镜头很容易拍出特别惊艳的照片。我从一位新华社摄影记者那里了解到由于球门里面的摄影机位非常有限，一场比赛两个球门，也只有两个机位。IOPP很有可能是依靠抽签来决定这两个机位由哪家通讯社来安装相机。抽到这个机位的机构拍出来的照片是IOPP成员共用的。除此之外，盖蒂等大的图片社、通讯社还会在马道、球门两侧板墙外、球门正后面的板墙外安装遥控相机，这也是他们IOPP的特权。这几个摄影点位可以说是非常重要且稀有。

其次是摄影位置B，摄影位置B有100个摄影点位，且每个摄影点位都有电源和网口。摄影位置B位于4层，是场馆最"正"的摄影位置，在这里可以将全场比赛尽收眼底。拿200—400mm、400mm的镜头基本就可以拍出还不错的照片。这个位置也是很多摄影记者的首选。FOP摄影位置和位于场馆主席台上面的摄影位置B是大多数摄影记者的选择。FOP离竞赛场地、运动员更近，可以拍到运动员上场前、下场后等近距离画面，四层看台上的摄影位置B视角则更广阔。在摄影点位上的选择上不同摄影记者都有各自的考量，选择不同的点位取决于摄影记者想要拍摄出什么样的画面。

再次是摄影位置C，摄影位置C位于摄影位置B的对面，并且离工作间比较远，流线很绕，不太好走。由于疫情防控的原因，场馆内每个摄影位置大都有固定的流线，而摄影位置C的流线则是最复杂的那个，是6个摄影位置里最特殊的一个。国家体育馆内既有闭环内的区域，又有闭环外的区域，而摄影位置C就夹在环内与环外之间。对于那些第一次来到这个场馆，身上又背着沉重的摄影器材的摄影记者来说就很容易摸不到头脑。因此我们在工作间张贴了提醒：如果有摄影记者需要去摄影位置C，可以在摄影运行志愿者的带领下前往。拿着几十斤重的长焦镜头和几个机身、手拉一个摄影箱，在楼梯上绕来绕去确实不是那么舒服。遇到记者抱怨质疑这个场馆的时候，我会和记者解释这个摄影位置C是场馆内最特殊的一个，这也是考虑到了防疫的需要而不得已的安排，并向记者说明场馆的流线都是固定的，这也是对摄影记者负责的考虑。

最后是摄影位置D、摄影位置E、摄影位置F。这几个摄影位置都不提供电源和网口，并且相对来说都有这样或那样的局限。摄影位置D位于摄影位置B的正对面，摄影位置E位于场馆的一个角落，一般用广角镜头拍场馆的全景还不错，其他的可能就没啥好拍的了。摄影位置F位于冰场短边的一端，4层最高的位置。根据我的观察和经验，来这个摄影位置的摄影记者少之又少，因为这个位置和其他位置相比更加局限。摄影位置F的正对面是一个防止冰球飞出场地的拦网，所以大部分都是被拦网挡住的。不过如果用400mm长焦也可以越过拦网对视野的遮挡拍摄到对面的球门及球员在门前争抢的画面、赛前仪式等。

2月20日国家体育馆迎来男子冰球项目的决赛——芬兰队对阵俄罗斯奥委会队。作为金牌赛事，这场比赛吸引众多摄影记者的目光。更多的摄影记者前来拍摄意味着我们场馆的摄影运行压力变得更大。当天，摄影运行团队全员到岗。我的岗位为摄影位置F的摄影助理志愿者，为来到摄影位置F进行拍摄的摄影记者服务，解决摄影位置F的摄影记者拍摄过程遇到的突发问题。我的主要任务有以下几点：开赛前在摄影位置F入口处引导记者入场；维持摄影位置F的拍摄秩序，提醒摄影记者何处禁止摄录；提醒和劝导摄影记者遵守防疫要求；如遇非常态事件，比如发生冲突等，及时上前劝阻并上报情况。下午，男子冰球金牌赛即将拉开帷幕，国家体育馆摄影位置F来了一位新华社摄影记者。我原以为对于这么重要的金牌赛应该没有摄影记者来到较为偏僻的摄影位置F，但事实是的确有一位记者拿着长焦镜头来到了这里。我和他聊了几句，了解到他是新华社的摄影记者，之前大多在别的场馆拍摄，因为2月20日其他很多场馆的赛程都已经结束了，只剩冰球这一场金牌赛了，所以他赶来这里拍摄。由于新华社来了好几位摄影记者，已经安排好了每个人在不同的摄影点位，FOP、摄影位置B、摄影位置C等位置都有新华社的人。所以他就来到了摄影位置F。我问他对面的防止球飞出来的网会对拍摄的图片产生影响吗？他说有影响，但是影响不大，在可以接受的范围内。他拿出长焦镜头跟我说他在这个点位最主要是拍摄对面的那个球门，拍球员在门前争抢的画面。由于这个摄影点位很高，拍对面那个球门正好可以避开那个大网，所以还不错。比赛开始不久，这个摄影记者向我表示：对面球门的板墙后面站着一个穿着鲜艳颜色羽绒服的转播人员，由于衣服颜色过于鲜艳影响到他拍摄的画面，问我可不可协调解决这个问题，我说没问题。然后我就在工作的微信群里把这个消息报给了我们的副经理。我们的副经理、经理当时都在FOP，所以他们很快就去跟那位转播人员沟通,很快那位转播人员就脱下他鲜艳的羽绒服,去了别的地方。整个过程从发生到处置完毕应该不到10分钟,效率很高。摄影运行团队处置协调迅速,最终保障了这位摄影记者的顺利拍摄。

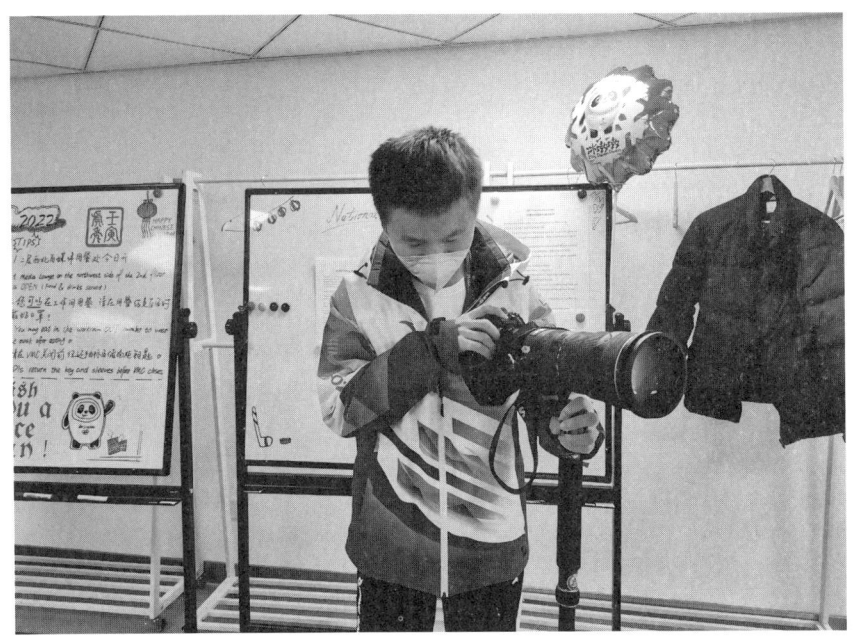

◎ 2月19日肖帅龙在国家体育馆摄影工作间上手体验摄影记者的专业相机

特殊摄影点位的相机即位于桁架、马道(Cat Walk)和球门(Net Cam)中的遥控相机。在这几个特殊摄影点位可以获得与众不同的视角,一般只有奥林匹克国际摄影队拥有安装的权限。比如北京冬奥会期间国家体育馆与五棵松体育馆这两个冰球比赛场馆四个Net Cam(安装在球门中的相机)就分别是盖蒂图片社、路透社、美联社、新华社安装的。

总的来说,每个摄影点位获得的视角都是独一无二的,每个摄影点位都有各自的特点和好处。在与摄影记者打交道的过程中，我努力用专业的服务水准来解决摄影记者赛时可能遇到的各种问题，为摄影记者提供一个良好的拍摄体验。疫情防控期间除了线路受到影响，还有诸多工作与防疫相关，例如提醒和劝导摄影记者遵守防疫要求，使用摄影位置前用酒精湿巾进行消毒、严格遵守隔二坐一的要求。此外，摄影记者在指定摄影点位拍摄时也有可能会遇到突发情况，如拍摄视野被障碍物遮挡、无关人员进入拍摄区域等，这时，我们摄影助理志愿者也会及时予以沟通并上报解决。这些都是我们摄影运行专业志愿者的服务工作之本。头脑灵活、遇事冷静是我服务工作中的小小亮点。

从1月23日进入冬奥闭环到3月13日冬残奥会圆满落幕，在志愿服务的两个月的时间里我先后在摄影记者工作间、FOP入口、媒体入口、训练馆摄影位置、FOP摄影位置、摄影位置B、摄影位置C、摄影位置D、摄影位置E、摄影位置F等工作岗位工作，为来自世界各地的摄影记者提供专业、细致的媒体运行服务，得到了部门主管和经理的认可。媒体的报道活动对冬奥会的顺利举办起着重要作用，而媒体运行就是为媒体记者服务的，因此媒体运行也至关重要。摄影运行作为媒体运行的一个分支，则主要为摄影记者服务，只有提供周到、全面的保障服务，摄影记者捕捉"决定性瞬间"才成为可能，才能将一个个冬奥瞬间写入史册，让瞬间成为永恒。

结识各国优秀记者，让真诚成为最好的沟通技巧

我在摄影工作间的时候，和很多国内外的优秀体育记者接触，作为一名深度体育摄影爱好者，我对他们充满好奇与向往。闲暇无

事的时候我在工作间观察摄影记者如何工作，我发现他们大多是在Lightroom里修照片，裁剪、调色，以及为图片写图片说明。这些摄影记者都挺拼的，大多数只是吃点茶歇、泡面就继续工作了。早期观察到这几天来的记者大多是IOPP的摄影记者，也就是美联社、法新社、路透社、新华社、盖蒂图片社的摄影记者。他们来得都比较早，因为这些机构派出的摄影记者相对较多，他们也大都需要提前很多天勘探摄影点位、布置马道、球网等特殊位置的遥控相机等。下午的时候我在摄影工作间和一位新华社摄影记者聊了一会天。由于新华社现在是IOPP奥林匹克摄影队的成员，所以他们大多数比赛都要拍摄。有位摄影记者经常来场馆拍照，很眼熟。我看他在工作间坐着好像没事，就问他可以看一下他拍摄的照片吗？他说"当然可以"，他打开电脑桌面上的文件夹，里面是他整理好的每天拍摄的照片。我边看边和他聊天，了解到新华社这次有东道主优势，又是IOPP成员，所以派了很多摄影记者参与此次冬奥会报道，分在国家体育馆的有4人。

在场馆内熟悉流线的时候我还发现了可实现"子弹时间"画面效果的同步采集摄像机，我之前有关注到这方面，了解到项目首次采用自主研发的"自由视角"视频技术，用户可以自主交互来连续改变视角和位置，突破传统的定点和被动式观赏赛事，提升用户观赛体验。据了解，国家体育馆中的U形架上部署了40台相机，总长度达210米，通过三维重建和渲染，可以渲染出任意时长和帧率的精彩特效片段，相当于1200台相机同时拍摄拼接的效果。在内容生产上，"自由视角"技术能够嵌入转播信号，可实现多角度还原清晰、即时、三维的比赛细节。这一技术不仅可协助裁判更快速、精准地做出判罚，还能使运动员和教练员多角度直观回顾场上细节。特别针对冰球比赛，以重点镜头和氛围镜头为侧重，能够让观众感受到冰球赛事独特的魅力。"我们所看到的画面并不是相机单纯拍摄的，而是通过算法渲染出来的，根据三维程序补充出来的。"据了解，它可以直接植入普通的转播当中，比如场上比赛的某一瞬间，用户或裁判没看清楚，我们的系统可以随时生成一个360度的信号提供给裁判和转播商，能够很好地解决判罚方面的问题。或许是看我对这个比较感兴趣，正在安装设备的一位摄影记者便主动跟我打起了招呼。他在OBS工作。他给我介绍了为实现360度观赛效果，他们目前已经在场馆周围装了120个同步采集摄像机，还提到了一家视觉处理公司或者说专门做360度视频技术的公司——4DReplay。当我说我也知道这家公司的时候，他很惊讶，并说他们也为4DReplay工作，我也确实注意到他的一个伙伴常穿的衣服上有4DReplay公司的logo。我期待这一技术在冬奥会冰球赛事中的应用。

与摄影记者交换奥运徽章、互赠冬奥会纪念品等小礼物也让我与摄影记者建立了工作之外的连接。我在摄影间工作的时候遇到过很多有趣的事。有一天晚上十二点，志愿者在工作间准备下班的时候，一位加拿大的记者走到咨询台，从包里掏出很多个加拿大代表团的pin，送给每一位志愿者，我们非常感动，还在后面的比赛中为加拿大队加油。这位摄影记者看起来不善言辞，但是人真的非常友好。我还在工作间遇到一个捷克代表团的摄影记者，由于她是第一次来到这个场馆，所以她对这个场馆的布局、摄影位置的分布不是很熟悉。这位捷克代表团的摄影记者就来到工作间的咨询台说她想去摄影位置C，问应该怎么走，我就说我可以带她过去。结果我们刚到摄影位置C，她突然对我说，她想去的是对面的摄影位置，也就是摄影位置B。我说，看来领错地方了。我连忙向她道歉，有趣的是我以为是我听错了，结果这位记者也连忙向我道歉，说是她自己刚刚说错了。就这样我们从二楼下到了一楼，走大钢梯到了四楼，终于到达了摄影位置B。她向我表示感谢后，就开始拍摄了。在路上的时候我和这位捷克代表团的记者聊天，她问我："你还是学生吗？"我说："是的，我在北京体育大学学新闻专业，以后也想成为摄影记者，我觉得你的工作很酷！"她很惊讶，能够看出来这位记者特别友好。大约晚上十一点半的时候比赛结束了，这位捷克代表团记者也来到了工作间收拾东西。准备离开的时候我问她可以交换pin吗，她连忙从装相机的箱子里掏出一个捷克代表团的pin，送给了我，我很感动，我把她送到电梯的位置就跟她告别了。我后来又遇到了这位捷克代表团的摄影记者。上前跟她打招呼，问她还记得我吧，她看到我也很激动说："当然记得。"我送给了她一个冰墩墩pin作为礼物，她很高兴地说，她非常喜欢，但是她又不好意思地说，她没有别的pin了，也就是没有什么东西送给我了。她说着便从摄影包里掏出一张她的名片，让我以后可以和她保持联系。之后我和她拍了一张合照，她还说，要我把照片发到她的邮箱，名片上有她的邮箱。

真诚是相互的，由于我们很多摄影运行志愿者都是传媒相关专业的大学生，我们对摄影记者的工作充满了好奇，在与摄影记者的交流过程中，很多摄影记者也非常乐意在空闲的时间跟我们分享他们拍的照片，与我们合影留念等。工作之余，在交流过程中，我与很多摄影记者也建立了深厚的友谊，并留下了美好而难忘的冬奥记忆。《北京青年报》的黑建军老师和我分享了很多他自己的拍摄故事和拍摄经验，并给我们志愿者拍摄了很多工作照片；新华社的李紫恒老师没有拍摄任务时会将自己使用的相机交给我们摸索、学习、拍摄，并说自己在2008年北京奥运会时也是媒体运行志愿者；捷克代表团的摄影记者Barbora每次见到我们都会热情地打招呼；中新社的蒋启明老师说他做过2014年南京青奥会媒体运行志愿者，并鼓励我们，想要成为摄影记者要多拍、多实践。从这些优秀的摄影记者身上我收获了很多。第一，与他们接触交流的过程中，我对他们的工作模式更加了解；第二，从他们身上我看到了摄影记者工作的魅力；第三，很多摄影记者对我们志愿者都非常友好，与他们交流、建立联系让我非常开心。

用镜头连接世界，努力展现中国青年的良好精神风貌

冬奥志愿者的工作不仅让我的专业技能有了质的提升，也时刻提醒着我作为一名体育新闻学子应该时刻牢记初心和使命，以己之力做好每次服务，展示中国青年新形象。正如国际奥委会主席托马斯·巴赫所说："从我们抵达的第一刻起，你们就给了我们宾至如归的感受。你们的微笑温暖着我们的心。"感谢巴赫先生对志愿者服务工作的认可。

在这次冬奥会志愿服务工作中，我认识到用专业的服务解决记者遇到的问题、保持专业性是我们摄影运行专业志愿者的工作之本。遇到突发问题要头脑灵活，快速思考解决问题的办法，与人沟通。即使是微小的岗位，也不能掉以轻心，在工作岗位上要时刻保持警惕。

作为北京体育大学新闻学专业的学生，这次宝贵的志愿服务经历给了我一个近距离接触大型体育赛事媒体运行服务的机会。对

于我来说，这片场地是感受体育第一现场并且学习体育传媒专业知识的最好课堂。我觉得一场体育赛事的精彩与难忘不仅仅在于场上的胜负得分，看台上球迷、观众的呐喊，绝杀时刻凝固的空气，而且更多在于现场的氛围。现场提供了一种沉浸的全感官体验，在现场更容易感受到一项运动的魅力，而在志愿者团队中同时也能感受到国家体育馆各个领域运作的高度缜密。在男子冰球的铜牌赛比赛时，我正好是晚班，并且岗位还在FOP入口——这是一个可以近距离观赛的位置。铜牌赛后会有颁奖仪式，我应在比赛结束后和两名同学一起将地垫搬到冰面上，供摄影记者使用，因为在颁奖仪式的时候，摄影记者需要在界墙内的冰面上拍摄，地垫能避免他们滑倒。具体来说就是在比赛结束前5分钟，我和另外两名同学再加上我们的经理、主管一起，将地垫从我们提前放好的位置搬出来。然后等到比赛结束哨响之后，输掉比赛一方的最后一个队员离开冰面时，迅速将地垫抬进去，然后在正对颁奖仪式的地方铺开。这个我们之前都有过演练，比如地垫的长度、宽度是多少，从冰面的哪个地方开始铺等。比赛一结束，我们摄影运行团队就会按照规定将IOPP的摄影记者安排到冰面上拍摄，我们的主管会在一个门"把守"，到时候还会有两名同学拉一个警戒线，提醒IOPP摄影记者不能越过。这一过程中的工作都是经过团队严格训练的，包括我们把地垫搬进去后什么时候退场，警戒线什么时候去掉等。由于是铜牌赛、再加上是颁奖典礼，我们摄影运行的经理、副经理、主管都很重视，全在FOP维持现场秩序。重大比赛现场我不仅感受到了志愿者团队前期培训的专业缜密，也感受到国家级团队紧密、有条不紊的管理与服务。

　　除了用专业的服务水准来解决摄影记者可能遇到的各种问题，

在与摄影记者沟通过程中，我始终认为保持真诚、释放善意也是我能够发挥的最大价值。我希望用热情、真诚的内心让国内外记者都感受到来自冬奥会志愿者的善意，展现中国青年的性格与态度。在现场除了完成我自己的工作，我经常观察来自世界各国的摄影师与运动员，主动热情地帮助他们，也结识了很多外国朋友。比如有一次我在场馆的运动员观赛区发现了一位瑞士滑雪运动员，他先前在网上分享了很多他在奥运村、滑雪场的视频，非常有趣。可以看出这位运动员非常有活力、幽默风趣。我看了他的视频所以认出了他。我等待比赛结束他正准备走的时候，上前跟他打招呼，还跟他合了影。

冬奥志愿者的忙碌工作接近尾声，冬奥会落下帷幕，这让我非常不舍，我们摄影运行的故事也将告一段落，这是一段非常美好的冬日回忆。我们这批志愿者是从2022年1月23日进入冬奥闭环，4月3日离开，这段时间还是比较长的。这几个月的时间里发生的很多故事都历历在目，难以言尽。

冬奥会结束了，但是中国体育刚刚翻开了新的篇章，"一起向未来"不仅是我们对体育文化、体育技术的新期待，也是世界人民对健康、活力的向往，我们中国青年肩负家国情怀，理应做出更多贡献，使命在肩，奋斗有我。冬奥盛世，摄影记者用镜头连接世界，讲述着运动员热血沸腾的奥林匹克故事，能为摄影记者提供专业的服务、支持和保障，也是包括我在内的每一位摄影运行志愿者的责任和荣耀。

以我之声，筑北京冬奥梦

——李秉昊服务北京冬奥会口述实录

口　　　述：李秉昊　2019级　新闻学专业（体育赛事解说人才培养方向班）

服务岗位：2022北京冬奥会冰球项目解说员、中央广播电视总台《一起向未来》特别节目成员、北京广播电视台北京体育广播新媒体编辑部组长

整　　　理：许小龙　2019级　新闻学专业（体育赛事解说人才培养方向班）

个人简介：

李秉昊，体育赛事解说员，中共党员，2019年考入北京体育大学，2020年经遴选进入体育赛事解说方向。2022北京冬奥会解说员，咪咕视频法甲联赛解说员，2022赛季央视频中超联赛解说员、西甲联赛解说员。曾于2022年北京冬奥会期间，参与中央广播电视总台《一起向未来》特别节目录制，在北京广播电视台北京体育广播新媒体编辑部工作并任组长。

岗位介绍：

①2022北京冬奥会冰球解说员：在咪咕视频进行2022北京冬奥会冰球解说。

②中央广播电视总台《一起向未来》特别节目嘉宾：参与整个节目的录制和制作过程，进行北京冬奥会比赛信息的播报、完成节目环节。

③北京广播电视台北京体育广播新媒体编辑部组长：负责北京冬奥会宣传工作的日常工作安排以及总结汇总工作。

北京冬奥会的脚步已经渐行渐远，但这短短的16天却给我留下了太多的美好、太多的难忘、太多的不舍……谨以此文回忆这段难忘的时光，并致谢中央广播电视总台、北京广播电视台、咪咕视频，感谢北京体育大学体育赛事解说团队每一位指导教师的悉心指导和无微不至的关怀，感谢团队中每一位战友的配合与鼓励，感谢每一位观众的支持与陪伴。2022北京冬奥会，感谢有你们！

"梅花香自苦寒来"：备战北京冬奥会

时光回到2021年9月的开学季，距离北京冬奥会开幕只有不到半年的时间了，而此刻对于我们这些刚升入大学三年级的"准解说员"来说，还并未接触过正式的比赛解说工作，对于冬奥会项目也并不了解。能从解说小白到走上冬奥会解说岗位靠的不仅是我们个人的努力，更要归功于指导老师对我们的教导。在秋季学期的培养方案上几乎所有的项目都是冬季项目，由于我们对冬季项目接触的机会比较少，所以在兴趣上也大打折扣，在接触冬季项目的初期无疑是非常困难的，教学的进度也比较慢。对于任何一个项目来说，都要经历了解、熟悉、掌握、实际解说这几个环节，跳过任何一个都是不可行的。从了解一个项目的历史和基本规则开始到熟悉项目以后开始尝试解说，我们的教师团队精心准备了课程需要的文件以及视频材料，并对我们的表现给予及时的点评，同学们也都一丝不苟，把每一个细节做到完美。在课程的开始阶段，我们每一个人都不知道自己最终能不能入选解说席位，更不知道自己会在冬奥会上解说哪一个项目，所以那个时候每个人心里都是七上八下的，不知道自己付出了这么多的时间和汗水最后会不会付诸东流。那段时间里大家就像小帆船航行在漫无边际的大海，不知道前面会出现什么，是风平浪静还是波涛汹涌，也不知道最后会不会成功到达彼岸，所幸在这个过程中有解说班战友们的陪伴和老师们的鼓励。同学们在学习的过程中遇到自己不喜欢、不擅长的项目难免会心生抱怨：为什么我什么项目都得会？为什么我不喜欢的还要学？我们的指导老师郑珊珊老师听到我们这样的抱怨之后，语重心长地说："是解说岗位挑选你们，而不是你们在挑岗位。"这句话听起来简单也很好理解，但是这其中包括了非常重要的理念：解说员是为受众、观众服务的，哪里需要就到哪里。其实这句话也饱含老师对自己学生未来能够走上解说行业的殷切期望。后来想想，自己解说的项目从短道速滑到冰球，跨越还是比较大的，而丰富的知识储备也是支撑我完成每一场解说任务的坚实基础。

经过一段时间的理论知识学习过后，基本上所有冬季项目的历史人文以及项目规则,我们都已经熟练掌握,但是在解说练习的过程中指导老师经常会说我们没有情绪的调动以及没有把自己完全地融入一场比赛中,并且解说的比赛目前是片段式的,并不能保证状态的持续性和节奏的把控。兴趣的问题刚刚解决,新的不足又接踵而至,心理压力大是在所难免的。我们在这样迷茫而又一成不变的理论学习的日子中持续了很久,突然,珊珊姐(郑珊珊老师)带来的消息打破了这份枯燥。我和我们班"仅有"的4名男生被呼唤到校门口拿东西,拿到的是一个盒子和一身漂亮的衣服,好奇心驱使我们打开了盒子,竟然是冰刀鞋!珊珊姐闷声干大事,给我们带来这样一个惊喜——带我们亲身体验冰上运动。直到现在我依然清楚地记得等待上冰的过程有多么兴奋和期待。在经过一夜"漫长"的等待过后,我们终于如愿以偿地踏上了冰面。在踏上冰面的那一瞬间大家基本都摔倒了,满心的兴奋被突然袭来的疼痛感瞬间打消,我们看到同伴狼狈的样子也不禁嘲笑彼此。这时候我们的专项老师——花样滑冰世界冠军张昊走了过来,他让我们尝试摔倒后站起来,但是我们却发现原本以为易如反掌的动作却无论如何都做不到,这时候他说在冰上学会摔倒和摔倒之后站起来,才是最基础的。我亲身体验后才知道滑冰有多难,更不用说在冰上竞技了。钻心的疼痛和刺骨的低温是这节课带给我们最直观的感受,而亲身经历艰苦的条件过后,才能深入了解运动员的真实比赛环境,揣摩运动员内心活动以及分析比赛状态。当我们捧起世界冠军张昊老师的冬奥会奖牌的那一刻,感觉自己仿佛就身处领奖台,感受到了这枚奖牌的来之不易和收获成功之后沉甸甸的荣誉。这节生动的实践课将我们与冬季项目的距离成功拉近,也正是从此开始,我才深刻地认识到自己是一位"冬奥人"。

"长风破浪会有时"：困境中磨炼自我

事物的发展总是波浪式前进的，在努力实现冬奥解说梦想的道路上同样也不是一帆风顺的。由于平时上课受时间限制，大多练习都是片段式解说，短短几分钟和一整场两三个小时的比赛是没有办法相比的，这就需要进行完整场次解说的尝试和实践操作，而恰恰在这个时候人生第一次解说的机会向我悄然走来。在一次解说课后，珊珊姐和尹素伟老师找到我，告诉我有一个咪咕视频解说法甲联赛的机会，看我这个学期有很大进步决定推选我去尝试，当时的我真是激动到流下眼泪。为了自己的解说首秀，我做了漫长而又精细的准备，包括设备的调试。到了比赛日，虽然有所准备但也难掩紧张，第一次的解说出现了很多失误，也看到了自己的不足，赛后老师的点评使我受益匪浅。整个过程就是在不断地和各种困难做斗争，在披荆斩棘的过程中提升自己、磨炼自己。在经历首秀过后，我不断尝试改变现有的问题，同时也不断地扩充自己的知识，声音基本功也是一天都没有落下，赛后我向各位老师请教，把自己的练习视频发给解说经历丰富的李晶老师和宋扬老师，在老师们的帮助下，我进步很大。由于是欧洲赛区的比赛，所以进行的时间大多是在北京时间的凌晨，为了保持解说的状态没办法休息，每次执行解说任务都是"披星戴月"，也看到了很多次"凌晨四点的北体大"。在漫漫成长的道路上，支撑我的是对于体育的热爱和对于解说事业的向往、执着以及观众的支持与鼓励。而在长期的熬夜过程中和长时间的高强度解说任务中，我也逐渐地理解了老师常对我们说的"想要从事体育解说，你得拥有个好身体"这个道理。随着解说场次的不断增加，经验也在不断积累，我逐渐学会了独立地、冷静地、合理地处理解说中遇到的突发事件，逐渐地掌握了一场比赛事先需要准备好什么材料，怎样在不同的比赛情况下快速、有效地去调整精神状态和情绪。就像扬哥（宋扬老师）说的，"这是个积累的过程，是从量变到质变的飞跃"。除了正式比赛的解说实践，日常的练习也是非常重要的，正式的比赛解说在一定程度上是对日常知识的积累以及个人练习成果的检验，也是对于日常练习方向的指引。现在回想起来，正是这段时间的积累，为我之后冬奥会的解说技能和知识积累奠定了坚实的基础。

时光飞逝，为冬奥会厉兵秣马的日子虽然单调，但匆忙的脚步却从未停下。北京冬奥会的脚步随着北京冬天的到来而逐渐临近，我的压力也越来越大。冬奥会解说员的笔试测验即将开展，入党的各项事宜、期末考试周、大学英语六级考试也都随之而来，冬奥会的备战仍要继续，但是为了梦想、为了光荣，这些都不算什么。我也逐渐地从闲暇时间还能和三五好友在街边闲逛，变为吃饭、洗澡都要抓紧时间、不敢耽搁。但这段时间的冬奥备战有所进步，算是最大的慰藉，从先前的迷茫、不知从何下手、眉毛胡子一把抓，到后来的有方向、有重点地精准把握，努力有了方向，进步也逐渐明显，我的解说水平在这段时间的努力下逐渐提高，变得成熟。同时我也在准备着专业课程的期末考试，毫不夸张地说每天都是"长在教学楼"，但这种忙碌的日子倒也充实。终于期末考试来临，经过一学期的认真学习和解说技能的锻炼，好像一切都变得简单起来，为期一周的专业课考试圆满完成。接下来的便是入党的各项事宜，需要准备的材料很多，过程也相对复杂，对待入党的事情更是丝毫不能马虎。在平常的授课过程中我们的指导老师经常教导我们"要知道作为一个解说员，作为一个新闻人，须时刻保持马克思主义新闻观，要知道自己为谁而发声"。经过党的教育和党组织的严格审查，我终于光荣地成为一名共产党员，不巧的是发展预备党员大会这天和冬奥会解说员选拔笔试的日子冲突了！得知这个消息的瞬间我简直都快哭出来了，这好像是两条路只能选其一的人生岔道口，哪一个都没办法舍弃，无论放弃哪一个都将充满遗憾、不甘。好在我们还有"后盾"——我们的指导老师，珊珊姐帮助我和我们的辅导员以及时任党支部书记积极协调，争取能够让我"两不误"，老师们的细心周到让我感受到了家的温暖。在党旗下庄严宣誓时，我有种长久的努力终于收获成果的兴奋，也有加入中国共产党的骄傲，当然也有对即将要参加的解说员选拔笔试的紧张。大会结束后，我急匆匆跑向考场，进门的时候大家看着我西装革履、满头大汗的样子都笑了。快速地平复心情后，我马上进入考试状态，开始答题。印象里笔试题很难，有很多内容都是我平时不曾接触的，不仅是专业项目知识，还有生活常识，而这些恰恰为我之后的冬奥解说贡献了一份力量。大家出了考场都议论纷纷，我自己的心里也七上八下，不知道结果会不会如意，但我知道的是接下来的几天总可以"浅浅地"休息一下了。

果然悠闲的日子过得很快，利用这短短的几天休息时间，我也和我的战友们出去体验了一下即将迎来冬奥会的北京城，确实别有一番韵味。经过几天的等待，公布笔试成绩的日子要到了，关于谁能入选解说员的小道消息也是传得沸沸扬扬。当老师宣读笔试成绩的时候，我着实捏了把汗，不过听到我是冰球项目笔试第一的时候，我心里悬了好久的石头也算是稳稳地落地了，第一关过了！还没兴奋多久我们入选的准解说员们又迎来了新的任务——录制关于冬奥的短视频（每天一条一分钟的短视频）。这也和我之后在北京电视台的实习内容不谋而合。每天的坚持是对创意和出镜解说技能的考验，在元旦和除夕的时候我也没在这个任务上偷过懒。最终还是"轻松"过关，我终于如愿以偿地获得了北京冬奥会解说员的资格，那个时候别提有多开心了，不停地和朋友家人讲述，看着自己距离梦想越来越近。但是其实真正的考验才刚刚开始。

◎ 2019级体育赛事解说班备战冬奥会解说

寒假如期而至，看着大家一个个回家过年，心中难免因不能和家人团聚而失落，教学楼、食堂都是空荡荡的，每天都面对着只有我一个人的宿舍、仅仅几个人的宿舍楼。我与对面宿舍的许小龙和杨加丞两位战友相伴度过了这段孤独的日子。春节的脚步渐渐临近，我收获了来自朋友的探望、来自家人的安慰和鼓励、来自解说团队指导老师的心理疏导和学院领导的慰问，让我在这寒冷的冬日和冷寂的校园中感受到了温暖。除夕这天，薛文婷院长和珊珊姐、素素姐来到学校，将坚守在校的解说团队成员召集到一起，为我们带来了新年礼物和丰盛的年夜饭，我们在办公室简单地搭起了桌子，条件虽然简陋，但是有老师们的关怀以及战友的陪伴，一切都是那么温暖。而这一天老师也给我们带来了好消息，我们可以出校进行实习工作，老师们还为我们安排好了食宿，为我们的解说工作提供了有力的生活保障，解决了眼下最大的问题。年夜饭罢，我们回到宿舍，夜幕降临，这对于我来说是第一个不在家度过的春节，冷清的宿舍静悄悄的，跟热闹的春节形成鲜明对比，纵使再坚强，眼泪还是不争气地流了下来。家人打来了电话，听到家人的声音，我的声音早已哽咽，但是为了让家人放心，我又不得不强装坚强和毫不在意。这个除夕夜真令人久久不能忘怀，经历过后我感觉自己成长了太多。

走上北京冬奥会解说席

刚刚度过春节，整个解说团队马上就投入了紧张的工作中，筹备即将开始的冬奥会解说任务。本次任务我参与了三个项目，分别是中央广播电视总台的节目嘉宾、北京广播电视台体育广播新媒体编辑部的工作和咪咕视频的冰球解说，工作量上稍显繁重。此次冬奥会，我在咪咕视频负责解说男子冰球C组小组赛的全部比赛，为了保障解说的正常进行，首先我要对我们此次活动的驻地酒店进行网络和设备测试。在这过程中，我也因为网络以及电源等硬件设施的不完善进行了房间的更换和设备的维修。我和许小龙为了尽可能降低风险，也设计了如果遇到网络问题以及解说设备损坏的应急方案，以及保证在解说期间房间的安静状态。接下来就是汇总和掌握小组全部球队的信息以及北京冬奥会冰球的赛程以及赛制；对于小组的4支球队，我们要详细地查阅资料，从每个队员的基本信息、技术特点、职业生涯经历到整支球队的战术风格、整体打法以及球队的历史荣誉，再到其国家的人文历史、地理位置、逸事趣闻等都需要详细了解。在给我们讲解说实践的时候晶哥就说过，解说一场比赛就像讲一个故事，把场面描述好、基本信息介绍到位只是故事本身的主线和必要的情节，而怎么把这个故事讲好，让故事变得完整、丰富、有趣，才是展现解说员能力的地方。讲故事人人都能讲，关键在于把故事讲好，让更多人听懂、听开心。给我印象比较深刻的是北京冬奥会的官网做得简洁、方便，同时信息也十分丰富，对于解说员而言搜集技战术信息非常方便。除了比赛基本信息的准备，还要准备一些面对球场上可能出现问题的应急预案，包括冰球项目的规则——冬季项目的普及度以及观众的了解程度目前来说并不高，所以必要的规则、赛制普及必不可少。

到了比赛日，由于中午进行比赛，所以我没有办法吃午饭，但为了保持状态要提前多吃点，并且休息好。临近比赛开始前的一个小时是最忙的时间。官方会公布首发阵容，这就需要解说员对当天比赛的整体走势有一个自己的预测。信息部分准备完毕，那就要开始训练一下声音了，也顺便让自己精神一下，以便用完美的状态投入到解说任务中。在这个时间段也要尽量让自己的心情平复，避免因为过度紧张而出现差错，从而做到张弛有度。而赛前的最后一项就是调试设备，在硬件设施上做好保障，准备好备用网络和备用收声设备。准备完这一切便是和自己的搭档进行一下简单的沟通，等待比赛开始。

　　说到搭档呢，这其实是我在正式比赛中第一次进行双人解说。双人解说和单人解说的最大不同就是解说员与评论员角色分开，各司其职，但在这种情况下最容易出现的问题就是抢话。此次执行任务的搭档是朱锶源学长，我们两个人都是第一次进行双人解说，于是我们在赛前也进行了大量的默契度练习，根据各自的特点，最终确定我来担任解说员，而锶源学长担任评论员。因为默契不是短时间就能练就的，而留给我们准备的时间也不多，又要马上登上大赛的解说席，所以我们俩决定始终秉持"各司其职，宁可少说也不能说错、不能抢话"的原则来完成这次解说任务。而后来我们也了解到，虽然我们偶有失误但是整体把握得还是比较稳健的。

　　经过我们的精心准备，终于迎来了比赛开始的那一刻，看着屏幕中的倒计时，我熟练地打开麦克风按下准备就绪的按钮，这一刻，北京冬奥会冰球解说正式开始！还记得当我说出"我是今天比赛的解说员李秉昊"的时候，心里是无比的激动与自豪，看着屏幕中国家体育馆的盛景，我也不禁感叹祖国的强大。我和锶源的情绪也随着比赛开始哨音的吹响而迅速进入状态。毕竟是初次登上国际大赛的解说席位，心中的波澜有时难免影响我们的解说，遇到精彩的赛段时出现了几次口误，同时我们两个人还是存在抢话的问题，在需要寻找实时数据以及资料的时候也有些手忙脚乱。冰球比赛将近3个小时的解说结束之后,我好像把整个月的话都说完了一样,筋疲力尽,累到连话都不想说,不仅肚子饿、腰酸腿疼而且声音都沙哑了。第一次的解说虽然没有什么大问题,但是整体上我对自己的表现并不满意,我也在第一时间拖着疲惫的身体给我的指导老师珊珊姐打电话寻求意见,但是出乎我意料的是珊珊姐给予了我非常大的鼓励和肯定,她说我的进步非常明显,让我再接再厉,同时也针对我们两个的配合问题以及整体节奏的把控方面提了一些建议。

在完成第一场次的解说过后,我又马不停蹄地投入到北京体育广播新媒体编辑的工作中。这项工作的主要任务就是搜集当日的北京冬奥会热点,其中包括关注度较高的事件以及人气火爆的运动员,对他们的信息进行收集和再创作,最终通过短视频的形式在视频号上进行发布。这是一项考验创造力、想象力和新闻敏感性的工作,捕捉热点话题之后就需要考验信息搜集能力了。如果呈现在观众眼前的信息千篇一律那肯定流量不会高,这就要求我通过不同的方式、多渠道融合,拓宽信息来源。搜集信息后的整合和再创作是新媒体编辑任务的核心工作,对视频的剪辑首先要有创作思路,选好当天的目标事件或者人物,通过剪辑等不同的表现手法,把创作对象精准、立体、生动形象地展现在观众的面前。这项工作越往后,难度越大。临近决赛,各路巨星云集,比赛也越来越精彩和激烈,对于创作对象的选择本身就是一件难事,更难的是创作和剪辑的灵感。随着时间推移,灵感好似也在慢慢枯竭。在这个项目中我还担任了新媒体编辑部的组长,负责统筹安排大家的工作任务和跟进工作进度,在一天的工作任务结束后我还要安排当天值班的2名同学,共同完成工作日志的记录。在这次任职中,我也逐渐地锻炼了领导、管理、安排工作的能力,怎么能让工作有序高效地开展也是我需要思考的问题。新媒体编辑部的工作是在北京冬奥会开始前夕就已经开始进行了的，从赛事前瞻到赛时热点记录再到赛后的总结分析，整个新媒体编辑的工作贯穿北京冬奥会，成为我们冬奥周期的日常工作任务，所以协调和安排工作也显得尤为重要。

奥会中最令我期待和充满好奇的工作便是中央广播电视总台的《一起向未来》节目的录制了。这是一档在冬奥会期间播出的特别节目，每天22：30—24：00在中国之声播出。我在中国之声的陪伴下长大，长大后的我可以真实地坐到演播室里参与节目的直播和录制，这是多么梦幻的事情。这档节目是由两位来自中国之声的主持人主持，三位嘉宾参与，其中两位是来自北体大的解说员，剩下的一位是中国之声的工作人员。为了避免工作时间的冲突，这项工作是和咪咕视频的解说任务时间错开的，所以安排的时间比较靠后。

第一次走进中央广播电视总台的大院，内心还是无比的激动和好奇。庄严、肃穆和神圣是我对这里的第一印象。我一路跟随着工作人员来到演播室旁边的准备间，因为在参与节目的所有人中我算是顺序比较靠后来到这里的，所以还是新面孔。之前也听他们提到过在录制节目的嘉宾里有苗霖老师，我一直都希望跟我一期的节目录制中有他的参与。在高中的时候我就非常热爱体育，但是因为学业繁忙并没有过多接触，但在一次偶然的看比赛过程中，正是苗霖老师解说的尤文图斯的足球比赛，那一场尤文图斯前锋迪巴拉梅开二度，苗老师即兴赋诗一首，给我留下了十分深刻的印象，我觉得苗老师年轻有为、才华横溢，这也让我对解说行业充满向往。记得在2019年的冬天，苗老师发布微博动态，表示自己虽然感冒但是坚持完成比赛的解说。我给他评论"我一直在努力成为像您一样的解说员"，令我万分惊喜的是苗老师回复我了！虽然只有短短两个字——"加油",却让我感受到了鼓励的力量。我想我今天能成为一名解说员,一定和偶像的力量密切相关。2021年10月,北体传媒请到了苗霖老师来学校为解说员做讲座,我也只是远远观望一下,而如今我却在同一演播室见到了苗老师!

更幸运的是我第一期的节目就是和苗老师一同录制,偶像就坐在我的身旁,我激动万分。由于是第一次来到中国之声这样受欢迎的节目,第一次坐在央视频的麦克风和镜头前,我显得有些手足无措、语无伦次,但是随着主持人的开口,节目正式开始,我也迅速平复心情进入状态。电台的声音和儿时的感觉一模一样,只不过这样亲切的声音现在近在咫尺,主持人和嘉宾们温暖的笑容和极具亲和力的声音让我感觉就像到家了一样,逐渐地也能"放得开"了。90分钟过得飞快,对于我来说这是极不平凡的一晚,我在中央广播电视总台发声,在这里出镜,来到伴我长大的节目的现场,与解说道路上的偶像一起录制节目……这让我久久不能入眠,觉得这一晚太梦幻、太奇妙了。

◎ 2022北京冬奥会北体大解说团队及项目分工

第二次参加《一起向未来》节目是2月14日，相比第一次，我放松很多，不再畏手畏脚。我在熟悉节目流程、拉近与主持人和嘉宾的距离以后，变得更加自信，就连观看我直播的指导老师也说我进步很大。

珍贵的时光总是过得那么快，转眼就来到了2月15日，那一天对于我来说也是十分特别的一天。那天是传统节日——元宵节，大街小巷都充满了团圆的味道，而对于我和我的战友们来说，我们还要坚守好冬奥会的"最后一班岗"。那天，我比平时早起两个小时，因为要去国家体育馆现场观看冰球比赛！能有机会现场观赛，是多么难得呀，更何况这其中的一支队伍——斯洛伐克代表队还是我一路见证晋级淘汰赛的。匆匆吃过早饭我便向集合地出发，尽管我和许小龙早已预料到早高峰，并且提前出发，但是"盛大"的早高峰还是让我们瞠目结舌，车子一路走走停停，让我这个从来不晕车的人都倍感难受，两个小时后我们终于到达集合地，之后我们会乘坐统一的大巴车去赛区，而这一次就不用担心会堵车了，因为我们是统一观赛团体，大巴车可以直接使用冬奥车道！果然一路畅通！我们顺利到达了国家体育馆，也受到了志愿者热烈的欢迎，经过严格的安检我们迫不及待地奔向商品售卖区，可是爆火的冰墩墩在这里也是"一墩难求"。之前只在比赛解说转播镜头中见到的场馆盛景现在出现在眼前，让人觉得难以置信：观众的欢呼声、球员和教练的呐喊声、球场的灯光和音效……一切都那么真实，近在咫尺。在现场观看比赛过后，我觉得对我的解说工作有很大帮助，这种令人震撼的氛围使得解说的情绪能快速融入，现场观看能看到更多比赛画面转播不到的角度，这都是值得解说员思考和拓宽思路的方向。

结束现场观赛已经是下午，我又马不停蹄地准备当天晚上中国之声的录制工作，这是冬奥周期最后一次上节目，我更熟悉节目的流程，也能放松自如地展现专业水平。那天我也是和苗霖老师搭档，我与苗老师之间的配合更加默契，交流更加顺畅，期间也提到了我就是那个在微博上一直追随他、以他为标杆的小解说员，这让我和苗老师之间的距离更近了，我也终于自信地在中央广播电视总台的舞台上展现了自己的解说能力。回想3年前我只是一个热爱体育的高中生，利用课余仅有的时间看看比赛、听听解说，自己的意见和看法只能和自己的三五好友分享；而在那一刻，我可以坐上解说席，向全国的观众、听众解说比赛，讲好中国体育故事，传播中国体育好声音。虽然不能和家人团聚，但这却是我无比难忘的一个元宵夜。

　　北京冬奥会已经渐渐离我们远去，但是它留给我的点点滴滴都镌刻在我的记忆长河中。冬奥会是什么？是我们为争取解说资格不分昼夜地学习冬奥知识，是我们披星戴月解说比赛、积累经验、锻炼专业技能，是老师耐心地抚慰我们焦躁的情绪，是解说团队领导为我们上岗排忧解难，是那一顿不能在家吃的年夜饭，是那空无一人、冷冷清清的宿舍和校园，是朋友和指导老师来慰问我时的温暖，是坐上解说席位的激动，是家人朋友听到我声音的亲切，是父母和别人说起我时嘴角上扬的骄傲，是工作时和战友们协同合作、共同克服困难的经历，是孤独时光里相互依靠、互帮互助的战友，是无数疲惫孤独夜晚流下的泪水，是结束一天疲惫工作和战友一起吃的夜宵、点的外卖，是元宵节的速食汤圆，更是数不清的付出之后收获成功的喜悦和感动！

　　北京冬奥会，我来到，我参与，我见证！

一位"新闻人"的"跨界"冬奥志愿者之行

——程小雨服务北京冬奥会口述实录

口　　述：程小雨　2021级　新闻与传播专业
服务岗位：对外联络（NCS）参赛代表团助理
整　　理：黄怡静　2019级　新闻学专业

个人简介：

程小雨，北京体育大学2021级新闻与传播专业硕士研究生，是新闻与传播学院为数不多的负责对外联络服务的冬奥志愿者，在北京冬奥会和冬残奥会期间为巴西代表团提供日常服务，解决巴西代表团在生活、交通、赛事等方面的问题和需求。程小雨是北京冬奥组委的"传声筒"，也是一名亲身实践"讲好中国故事"的优秀北体大新闻学子。

岗位介绍：

对外联络（NCS）参赛代表团助理，主要作为冬奥村各个代表团奥委会的陪同助理，服务领域覆盖国家代表团衣食住行的方方面面，在代表团遇到问题时第一时间联络相关部门，为其解决困难，并将代表团的需求安置妥当。

有问必答，有求必应

我是在大四时通过学校报名，经过笔试、面试、培训多个环节的选拔成为一名"对外联络"志愿者的。我们学院的大部分同学会选择申报"媒体运行"这一与我们专业领域更为相符的岗位，而我经过多方面的考量选择了"对外联络"岗位。一方面，"对外联络"岗位对英语的要求更高，我在英语方面具有一定优势，想着被选上的概率更大；另一方面，"对外联络"岗位能够获得更多和外国人接触的机会，更能锻炼自己的语言能力和沟通能力。选拔考核的过程其实持续了很长一段时间，最开始是在网上报名，需要通过英语门槛的初步筛选才能获得最基础的报名资格，然后是第一轮笔试，主要考察的是涉及冬奥的"常识性"知识，如冬奥场馆的位置、冬奥比赛时间、冬奥口号等内容，以及我们岗位特定的英文实际应用题，通过笔试后就进入面试环节，包括自我介绍以及具体情境的应用题，比如在特定情境下志愿者需要做什么，遇到困难时志愿者应该如何解决等。我凭借考研积累的英语知识和自己在网上学到的冬奥相关知识，顺利地通过了笔试和面试考核，获得了志愿者资格。确定录取后，北京冬奥组委给我们发了一套网络平台课程，我们必须认真学习有针对性的视频教程并完成对应的习题，再通过线下的针对教程的笔试后才能正式成为一名"对外联络"志愿者。

在"对外联络"岗位工作的北体大同学大多来自国际体育组织学院，个别几位来自体育商学院、运动医学与康复学院等，我作为一名"跨界"志愿者，在某种意义上是"幸运"的，我们工作的繁忙程度很大程度上取决于服务的对象国家，一些被分到"冬奥大国"的同学负责的业务就会比较广泛。我的服务对象——巴西是一个热带国家，参加的项目相对较少，因此，冬奥会和冬残奥会期间，我的工作都还是比较轻松的，和他们沟通的过程也非常愉快，总体对我而言，既走出了"舒适区"，也通过自己的努力把具有挑战性的任务圆满完成。

我所在的工作场所是张家口奥运村。张家口奥运村是赛时运动员、教练员、代表团成员的主要居住地，总共负责接待来自59个国家和代表团的2200名运动员及其随行人员，为他们提供赛时住宿、饮食、医疗、娱乐、休闲等多重保障。张家口奥运村共涉及12个业务领域，覆盖抵离、物流、反兴奋剂、交通、技术、公共卫生、注册、住宿、庆典仪式、教育、餐饮、媒体运行等多个岗位的工作。张家口冬奥村被分为三个功能区，即居住区、广场区与运行区。居住区为运动员提供舒适愉悦的住宿环境，涵盖住房、餐厅、NOC（National Olympic Committee，国家奥委会）服务中心、娱乐区、健身房、综合诊所等多个场所；广场区包含商务、休闲场所，如冬奥会特许纪念商店、便利店、中国邮政等；运行区则位于张家口冬奥村的外围，提供安检、交通等保障张家口冬奥村顺利运转的服务。

在冬奥会和冬残奥会期间，我均担任了巴西代表团的NOC助理。自1月23日张家口冬奥村预开村日起，我进入所服务的岗位，对接巴西代表团的相关工作，至3月15日巴西代表团离境后正式结束服务工作，共计服务52天。我的志愿服务工作具体而言，就是在第一时间帮助巴西代表团解决他们日常生活中碰到各种问题，大到开幕式的引导环节、比赛期间的交通出行、颁奖仪式的安排，小到住宿期间的马桶堵塞、抵离期间的行李运输等。由于我的工作岗位与所服务的国家密不可分，服务时间贯穿冬奥会和冬残奥会的整个周期，从巴西代表团抵达张家口冬奥村的那一刻起，我的工作就开始了，一直延续到他们所有的成员顺利登上回国的飞机。我的服务贯穿他们在张家口冬奥村的每个环节，也意味着我需要了解和解决他们在衣食住行各个方面的所有需求。我每天的工作时间分为两班制，分别为早班和午班，具体早、午班的安排由当天的工作量来确定。

在我看来，NOC助理需要一方面与国家代表团进行语言沟通交谈，另一方面与北京奥组委的相关领域部门对接需求。我们就像传声筒，将两方的安排与需求以合理的方式传送到相应的关系网络中，这需要我们具有较强的英语口语能力和随机应变的能力。一般情况下，面对巴西代表团的一些小需求，我都可以自行处理，联络抵离、物流、交通、技术、公共卫生、住宿、餐饮等多个领域相关负责人，将代表团的需求落实到位。但面对较为复杂的问题时，我会立即与主管老师进行沟通，尽可能在第一时间帮助代表团解决问题。

作为冬奥会国家代表团NOC助理，我们工作的最大特点就是"有问必答，有求必应"。对于参赛代表团提出的任何问题与需求，我们都需要第一时间进行解答并提供帮助。作为与代表团直接交流沟通的部门，NOC助理工作处理的业务涉及范围极广，几乎涵盖冬奥服务的所有领域，但同时涉及各个领域的具体内容也十分细微，与代表团最日常的需求息息相关，涵盖衣食住行的方方面面。由此，一方面，我们需要拥有将英语作为工作语言的能力，将英语熟练运用到与外国人的交际沟通中。另一方面，我们也需要拥有较强的人际沟通能力，不管是对内与各部门之间的交流协作，还是对外与外国代表团的交际沟通,都需要灵活、准确、高效地传递双方所需掌握的信息。在北京冬奥会期间,国家(地区)奥委会业务领域志愿者分为NOC助理和NOC服务中心志愿者。在我所在的张家口冬奥村,NOC助理主要由北京体育大学、北京语言大学及部分河北高校的学生担任,共计300余人,其中来自北京体育大学的带队老师及学生共计129人,承担了近一半NOC助理的岗位工作。能够参与其中,是我的荣幸。

◎ 张家口冬奥村
全要素测试赛期间,北体大对外联络部门同学合影

可爱的巴西代表团

2022年1月25日是巴西代表团抵达北京的日子,也是我第一次正式服务巴西代表团的日子,巴西代表团给我的印象和我记

忆中对巴西人的"刻板印象"似乎不太一样。我记忆中的巴西人是浪漫热情的，人人擅长跃动的桑巴，生长在沐浴不尽的阳光与沙滩上，有随处可以玩儿起来的足球氛围，仿佛"热烈"是这个民族的代名词。但见到巴西代表团的联络员Joyce和队医Leo时，他们给我的第一印象——靠谱。初来乍到的他们，一见面就主动和我添加微信，说来也很不好意思，身为对外联络员的我，竟然在一路匆匆忙忙赶过来之后，把这件事忘在脑后了。在与他们简单的寒暄之后，他们便直接说"我扫你还是你扫我"（Do I scan you or you scan me？）。真没想到，一句平日里的惯用语在张家口冬奥村竟成了"国际语言"。还没来多久，Joyce和Leo就已经把这里摸得门清儿，已牢牢记住了张家口冬奥村里运动员公寓与食堂的位置。

在第一天的接待中，巴西代表团刚抵达时，我注意到他们分配到的公寓大门被锁住了，我随即向相关部门一番紧急问询，终于得知了大门的密码，并且告诉巴西代表团联络员开门的步骤。过了一会儿，又来了两位同行的巴西代表团同伴，没等我开口，巴西联络员便"反客为主"，有模有样地传授起了开门技法，俨然已是张家口冬奥村的"半个主人"。第一天还发生了一部小插曲，由于Joyce的另外两位同伴来得太晚错过了饭点儿，我们向他们提出了去下沉广场便利商店买些食物的建议，没想到这个提案很快便被否决了。Joyce坚持他们的同伴需要优质食物补充体力，简单的速食并不能满足他们的需求，经过一番沟通后，Joyce的同伴顺利进入食堂用餐。

在之后的相处里，我对他们更是多了一层印象——独立。巴西代表团解决问题简单迅速，如果遇到电话、短信解决不了的问题，迈开脚步也许会成为解决问题最有用的途径。巴西代表团一直在用实际行动践行着"独立"。

　　除了靠谱和独立，巴西代表团给我留下的深刻印象还有——活力。他们的老团长安德斯·彼得森（Anders Pettersson）与中国渊源颇深，他年逾六十却依然每天活力四射，我们私下给老团长起了绰号：爱旅游的可爱老顽童。在前往的开幕式的列车上，他与巴西代表团执旗手埃德松·宾迪拉蒂（Edson Bindilatti）滔滔不绝聊了一路，在返程的路上他依然难掩兴奋，我只听得他悄悄嘀咕一句：开幕式很精彩，但有些冻坏了。偶然之间，他和巴西代表团的执旗手兴奋地望着玲珑塔与鸟巢，询问我，"它们是不是2008年就存在于这里，我们14年前曾来过这里"，他们的言语难掩激动，我很惊讶，关于2008年的奥运会，于我而言似乎不是特别的印象深刻，但对于一位运动员来说，14年是个太长的周期，甚至可以见证从初出茅庐到英雄谢幕的整个职业生涯，他们居然都曾亲历过两次盛会，并亲身高度参与。

　　从张家口冬奥村到北京的路程对一个外国人来说是很复杂的。先得在太子城高铁站乘上高铁，50分钟后抵达清河站，然后在清河站坐上通往各个场馆的大巴直通车。有时候情况更特殊，碰上大巴无法直达的场馆，得提前预约乘坐冬奥特定的士，单程最快也需要两个多小时。但这冗长烦琐的交通路线，丝毫没有削减团长安德斯心中观看北京冬奥赛事的热情。在开幕式结束的当晚，我们于凌晨一点才到达张家口冬奥村，整个代表团人员都略显疲惫，但在仅仅休息了几个小时之后，团长又在八点半坐上了前往北京的高铁，准备观看第二天的比赛。不仅如此，团长的行程也是满满当当，预约车的足迹遍布水立方、冰丝带与国家体育馆，从早晨到傍晚，速滑、冰壶、冰球，一天连赶三场赛事，即使巴西代表团并没有运动员参与这些项目。

事实上，团长2月2日就提出前往北京观看冬奥会首战冰壶比赛的想法，但是因为从高铁下车后的taxi行程屡次支付不成功，挣扎到最后一刻才全盘放弃。为了这场冰壶行程，从交通、门票到住宿，团长提前考虑了多种可行办法。我钦佩于老团长经过开幕式的长途奔波之后，依然在第二天精神矍铄辗转各地观赛。也仿佛看到这位头发花白的老爷爷身影背后，千千万万个冰雪运动热爱者的缩影。

在2021年接受央视采访时，这位曾经拥有20多年越野滑雪经验的巴西代表团老团长，面对镜头回忆起2008年的北京，他说："我印象非常深刻，2008年我和女儿同去北京，有超级多可以游览的地方，早中晚都有赛事可以观看，我们每天早出晚归。"2008年到2022年，北京变了，安德斯还是那个安德斯，依然活力四射，依然对所有运动抱有热情，依然喜欢早出晚归游览北京。

巴西代表团的运动员也给我留下了深刻的印象，2月13日，我点开新华社一篇题为"她又又又又又又又参加奥运会了"的推文，我掰着指头数，一共7个又，也就是说，2022的北京冬奥会是她参加的第8次冬奥会了，她也是巴西代表团参加冬奥会次数最多的运动员。好奇地点开照片，面孔和国旗的颜色很熟悉，这不是开幕式上告诉我2008年来过北京的巴西运动员贾奎琳·莫朗（Jaqueline Mourão）吗？因为一些作为新传学子的新闻敏锐度，我迅速把这篇报道翻译成英文，并把背后的网友评论摘录下来，一一转换成英语念叨给巴西代表团的联络员，请求他转告给贾奎琳。这篇报道被新华社公众号归在#奥林匹克，不只是金牌#话题里。其实很多时候，巴西代表团更像是以享受比赛的心态来参与这次世界舞台的竞技的，就像参加了8次冬奥会的贾奎琳，就像头发花白却依然活力四射的老团长安德斯，与其挑战对手的速度，不如与流逝的光阴比拼、与自己比拼，这不是更有意义吗？就像评论里说的：唯有热爱可抵岁月漫长。

冰墩墩无疑成为冬奥会上的顶流。每天看着新闻里被挤爆的冬奥特许商店与彻夜排着长队的王府井大街，我能感觉到全中国人民对这只冰雪小熊猫的热情。无疑，张家口冬奥村里自然也是"一墩难求"。村里施行限时抢购，每日九点，特许商店门口运动员们已排起长龙。我所服务的巴西代表团队员在经历了漫长的排队之后如愿以偿购得冰墩墩，我看着他们得意地摇了摇手中的冰墩墩，庆祝这场"抢墩大战"的胜利，我不由得为我们国家文化得到世界人民喜爱而感慨。

在对外联络部门讲好中国故事

2月1日是中国农历除夕前夜，张家口冬奥村里一切仍旧在有条不紊地行进着，同为志愿者的延庆冬奥村巴西代表团助理小龙向我们提议，他想在邮局里打印些具有中国特色的明信片赠予巴西代表团，而我却有了新的想法：除夕佳节的到来，不正是一个用实际"讲好中国故事"最好的时机吗？

在灵感乍现之后，我的脚步也没落下。一番勤看、多走、多问之后，我收获了冲印店老板赠予的两副对联，又在中国联通商店喜提精装大福字，于是我揣着满满的"战利品"冲向了巴西代表团的办公室，想着打造一个具有浓浓中国年味儿的"巴西代表团"。

当我走进巴西代表团办公室，面对办公室的一群陌生的西方面孔时，我怔住了。在片刻地出神之后，我开始了一场漫长的英文演讲。这是我第一次这么自信地在外国人面前侃侃而谈，我一边比画着手中的对联与窗花，一边眉飞色舞谈起我脑海中引以为傲的春节习俗与文化，讲到对联的寓意、讲到老虎之年及除夕的团圆之夜，似乎我讲的越多，他们就会对中国、对中国的春节印象越深，我想紧紧抓住这次机会，把最美好的春节介绍给他们。

在一番手舞足蹈与慷慨激昂之后，我收获了他们眼中的笑意与自己心中满满的满足感，也更真切地体会到了在这场千载难逢的盛宴中，文化自信——这个曾经在考试与论文中阅读过千百遍的词语所赋予我的价值以及它所承担的全部意义。文化自信更多是要说出来、做出来的。就像我曾经习以为常的一年一度相逢日，却在特定的时间里，在距离家千米之外的地方，与特定的人碰撞，演绎出一番别样的中国红。

最终在我和队医 Leo 的一番努力下，除夕前夜的巴西运动员公寓增添了几分年味，两副高高挂在门上的喜庆对联，诉说着这个独特而有意义的午后。最终，因为场地所限，两幅窗花被遗留在了办公室的桌子上，未觅得归处。然而这番遗憾却在几天之后化成了一份小惊喜。在一个一如往常的清晨，我照例前往巴西办公室递送一些文件。在走近这个各国代表团会聚的院落之时，我在不同国家代表团公寓窗户上五颜六色的装饰中，偶然捕捉到一抹鲜艳而静谧的红色。在楼下远处看，一枚小小的红色窗花静静地贴在巴西代表团的窗户上，也是整个院落全部小窗口中，唯一的、独一无二的红色窗花。远方的红色模糊成了一团寒冬下的小火焰，我望着它，心里不觉漾起暖意。

永远的开幕式记忆

2月3日的开幕式前夜是我在张家口冬奥村工作的那段时间里最辗转难眠的夜晚。对于2月4日的冬奥会开幕式,我跃跃欲试,在幻想鸟巢璀璨烟火下这场全世界参与的狂欢的同时,也在脑海中闪过几丝隐忧。这场开幕式太重要了,重要到像一经启动就必须有条不紊行进的精密仪器,而我真正置身其中,即使扮演的是巨大齿轮中一扣小小的环,却也能感受到那一份微不足道的分量所赋予的责任。

◎ 国家跳台滑雪中心
　测试赛期间,程小雨作为观察员参与全要素演练

一个多月以前，我们踏上了开往张家口的大巴，于12月21日，开始了2000多人参与的第一次开幕式全要素演练。

当队伍顺利行进至张家口冬奥村，我们体验了运动员未来将入住的公寓，被张家口冬奥村食堂美味的菜品满满填饱了胃之后，我们兴致盎然。直至夜幕降临，车行至国家越野滑雪中心和跳台滑雪中心，这是我第一次见到它们的样子。巨大的镁光灯投射在一片素白中，这两座硕大的竞技场提前在耀眼的灯光下尽情展现它们的肃静与宏大。暮色浓郁中，朦胧的光晕让我有些睁不开眼，我望着一眼望不到尽头的白色雪道，不禁幻想世界上最顶尖的运动员在这里相遇与竞技的场景，我于空荡的静谧中看到了人声鼎沸，也从目之所及的壮阔中看到了背后所有人投入的努力与心血。我用一张张照片将这里定格，拥有不可企及的高度的雪如意宛如一条美轮美奂的如意柄首，展现着属于东方极致的古典浪漫，我在雪如意下微笑，似乎留下的照片越多，这片雪下的波澜壮阔便越不会被随风抹去。

第二天，张家口冬奥村成为一场千人参与的角色扮演，作为开幕式前唯一一次参与人数众多的仿真全要素演练，我充当起了观察员的角色，负责引导模拟运动员从张家口冬奥村到鸟巢一路的出行交通。我们搭乘上从张家口出发的高铁，再从清河站乘坐奔赴鸟巢的大巴，顺利地完成了张家口到鸟巢的初体验。

第二次全真演练的行程于北京开始，我们也是第一次真正意义地踏入鸟巢，完整地参与了冬奥会开幕式的所有流程。望着夜色中美轮美奂的国家体育场，绚烂的射灯以昂扬的姿态诉说它的美丽。场内传来彩排的音乐，歌曲是《我和你》。我忽然在寒冷的夜里有种想哭的冲动，在鸟巢边，回忆起2008年，有种极其不真切的感觉。2008年在电视机前挥着国旗的小丫头，14年后成为这场万人狂欢的参与者，奥运会就像一场连接时空的碎片，把我与过往紧密钩织在一起。我听到鸟巢中缥缈的歌声唱着："为梦想，千里行，相会在北京。"我心想："从2008年到2022年，我又何尝不是那个跨越千里，为梦想，相会在北京的人呢？"

2月4日下午，一如之前全要素多次排练、烂熟于心的路线，我们踏上了去北京的列车。只不过这次身边的人不再是模拟代表团，而是真正的来自世界各地的面孔，说着我听不懂的各种语言。在国家体育馆候场之际，我举着引导员立牌，带着巴西代表团一行4人穿梭在人潮中，觑见各色的面孔与肤色，看见来自不同国家的运动员兴奋地交换各国专有pin，看见无数志愿者面带笑容朝我们挥着手，说着"Welcome to Beijing"，一瞬间突然有种"世界大同、天下一家"的恍惚感。我想：那是一种怎样奇妙的连接，让来自天南地北、四面八方的人，在此时、此地、此刻相逢。

带领着巴西代表团穿行在暮色中，不同国家的列队，按照开幕式的出场顺序拉成一条长龙，在这条从国家体育馆通往鸟巢的路上徐徐前进。巴西代表团特别爱拍照留念，他们似乎格外偏爱夜色中的北京。我一边惦记着代表团的出场顺序，一边眼瞧着这群调皮的巴西人为了拍照，偏离了列队既定的路线。突然觉得自己有点像个旅游团团长，眼瞧着他们从队伍中飞奔出去，到鸟巢的最佳拍摄点，又飞奔回队伍补上耽搁下的前进距离，我觉得有些哭笑不得，却也为他们眼神中流露出的兴奋而欣喜。

当顺利交接到入场口，目送巴西代表团在礼仪小姐的带领下，从后台的黑幕中走向世界的聚光灯下时，我知道，在这场盛会中，我这颗小小齿轮成功地严丝合缝了。在巴西代表团的位置坐下，我看着这条彩排时曾经空空荡荡的天地，俨然变成世界人民的大舞台。报幕员报出一个又一个国家名，背景音乐切换着不同的韵律。直到最后的最后，眼底出现一片红色的海洋。

我永远也忘不了当歌唱祖国的歌声响起，报幕员喊出"China-中国！"全场的观众几乎是在一瞬间，不约而同地站立了起来，偌大的竞技场，只回响着整齐划一的拍手声与歌唱祖国的韵律。我望着一潮又一潮的人浪，手掌从未拍得那么认真、那么有力。胸中突然有一种浓烈的情绪：好想让全世界看到中国的好，好想大声地告诉这里所有的人，我好为自己的祖国骄傲。含蓄的我没有这么做，只是妄图用拍不完、鼓不尽的掌声传递这份赤诚。望着身侧在空中飘荡的五星红旗，在深蓝的背景下，一片昂扬的红色显得越发耀眼。诗人艾青说："为何我的眼中常含泪水，因为我对这片土地爱得深沉。"小学时念叨的诗歌，此刻站在世界聚光灯下的鸟巢里，我真的懂了。

整个开幕式的各国代表团入场期间，我不时侧身望望半空中那抹五星红旗，拍下它在不同灯光下飘扬的样子，我想永远记住这抹颜色。望着眼前美轮美奂的演出，我有些怔神，也有些哽咽，反复在心里默念：太美了！眼前徐徐展开的东方画卷，已然让我抛开所有形容词，只沉醉在心底反复荡漾的温存与骄傲中。一首耳熟能详的《歌唱祖国》屡屡触动我多愁善感的神经，我知道：这旋律背后，更多的人像我一样流淌着骄傲又自豪的泪水。

整个开幕式的后半程，我都在这份哽咽与骄傲中度过。思绪很乱，想到2020年新冠肺炎疫情笼罩之下的湖北，想到静谧白色中硕大而又壮观的雪场，想到在生死场疲劳奔波的医护人员，想到在零下十几度的寒风里一遍遍排练的开幕式演职人员，想到平地而起的竞赛场馆后冒着风雪的建筑工人……想到很多很多在疫情和冬奥中默默守候的人。想到这份骄傲背后,我们在短短两年间经历了什么,克服了什么。

我想也是很多、很多、很多份这样的默默守候,换来此刻的"守得云开见月明"。抬眼鸟巢上空,庆祝的烟花已然开始,在漫长寒冬后,迎接这份属于全世界人民的热闹非凡。

冬奥会之后

在我看来,整个冬奥会和冬残奥会的赛事服务期间,我面对的最大的挑战与困难都来自"沟通"。沟通的困难来自两个方面:一方面是由双方信息传递导致的沟通困难。时常,我们需要将北京冬奥组委的指令准确、恰当地传递给外国代表团,也需要将代表团碰到的困难与需求及时反馈给北京冬奥组委。而有时,一个需求、一个指令的合理性,在不同的文化背景下也有不同的理解。这时,作为NOC助理就需要及时调解问题,主动承担起责任,最终将问题化为无形。而另一方面是由文化差异带来的沟通困难,双方交流需要频繁使用英语,对英文表达的流利度与准确性要求很高,而这些也正是我日常生活中所需要突破与克服的瓶颈。

解决沟通困难的方式有两种:一是勤思,在冬奥这个世界舞台,看待问题的方式变得多元,这也提醒我在今后面对问题时,要具备国际的眼光与发展的思维;二是多练,与人沟通的能力是在朝朝暮暮之间提升出来的,需要点点滴滴地积累经验与技巧。其实我之所以选择对外联络这个岗位,就是想借此提高自己的沟通交流能力。而在50多天的工作之后,我感觉自己在冬奥会期间飞速成长。

不论是与巴西代表团的对外、对内沟通，还是与奥组委不同领域负责人的沟通，都让我受益匪浅，更体会到了人与人连接之间的复杂与奇妙。

◎ 张家口冬奥村闭幕式出征前张家口冬奥村北京体育大学 NOC 助理合影

在服务冬奥会过程中，跨部门的有效沟通对提升执行层的工作效率有极大的帮助。针对相同问题，各部门之间统一口径制定策略，能起到事半功倍的效果。以物流、竞赛和交通部门为例，针对竞赛部门训练计划的调整，物流和交通部门也随之做出相应改变，满足参与竞赛训练选手的器械运输与通勤的需要。总之，如果面对同一个问题，各部门按照自己的方式制订解决方案，一个部门的变动没有及时与其他相关部门沟通，就会造成指令上的误读，导致事倍功半。冬奥会期间的信息具有高度的时效性，会随时进行不断调整与修改，更需要加强部门联动，保障目标实现。

参与北京冬奥会给我的体验还是非常好的，在赛事服务的过程中，我越发体会到语言是一门最基本的工具。同时，我们也更需要"会外语，懂冰雪，懂技术"的全面型人才。作为服务人员如果仅仅拥有语言能力，而缺乏大型赛事经验以及对相关赛事理解与掌握，就会对其工作造成困扰。在未来的大型活动人才培养过程中，必须让人才建立国际视野，拥有国际交流沟通的能力。而做到这点的同时也需要术业有专攻，使得培养对象对某一个领域、某一个项目有较为深刻的理解，提升综合素质、全面发展，以应对新时代大型赛事的需求。

体会见证、参与和奉献的喜悦
——薛笑天服务北京冬奥会口述实录

口　　述：薛笑天　2019级　新闻学专业（体育赛事解说人才培养方向班）

服务岗位：北京冬奥村媒体中心新闻运行助理

整　　理：靳珂萌　2020级　新闻学专业（体育赛事制作人才培养方向班）

个人简介：

薛笑天，北京体育大学新闻与传播学院2019级新闻学专业体育赛事解说人才培养方向班学生，2020年通过选拔进入北京冬奥组委组织的北京冬奥会大学生记者训练营并顺利结业，成为北京2022年冬奥会和冬残奥会媒体运行专业志愿者，在北京冬奥村媒体中心担任新闻运行助理，同时在咪咕视频体育频道进行北京冬奥会冰壶项目解说。

岗位介绍：

作为媒体运行专业志愿者，担任北京冬奥村媒体中心新闻运行助理。在北京冬奥村的媒体中心负责在记者接待台、记者工作间、新闻发布厅、混合采访区等工作点位为记者和运动员提供相关的服务。

被致谢时感受到工作的意义

北京冬奥村内设有运行区、居住区、广场区三个功能区域，主要是为运动员等提供住宿、餐饮、医疗等服务，它也是2022年北京冬奥会和冬残奥会中最大的非竞赛类场馆之一。我所在的媒体中心设立在运行区最南侧，媒体记者会在这里进行运动员采访、参与新闻发布会等工作，可以说是备受关注的。而作为服务媒体的重要窗口，媒体中心也是联结各国代表团、媒体记者和运动员之间的桥梁和纽带。基本上媒体中心每天都会收到几十封代表团和媒体发来的邮件，需要回答的问题达到上百条。

最初，我被分在了记者工作间，记者工作间主要是为媒体记者提供相关的服务，回答他们的问询，帮助他们解决可能遇到的问题——从打印机、电视机、储物柜的使用到提供媒体班车信息、混采区采访现场预约、媒体注册卡、登录 Wi-Fi 等，再加上防疫消杀，补充咖啡、饮用水、食物等。总体来说工作还是比较细碎，会遇到各种各样的问题，工作时间也很长。比如刚到媒体中心的时候，一个工作点位上有三个人，要负责所在区间，包括接待台、工作间、混合采访区、新闻发布厅这些场所的所有工作。大家对于分工或者是时间安排都有自己的意愿，但是分配肯定不能让每个人都满意，有的时间段记者人数多，工作会辛苦一些，甚至有的伙伴会错过饭点，不能按时吃饭，有时候也会有交接班不顺畅，影响效率等，但是大家都还是以大局为重，以集体为重，遇到事情商量着来，后面就好很多。整个过程我觉得是累并快乐着吧，尤其是能接触到来自世界各地的运动员和各个国家队的新闻官，还是很有趣，很开心的。

有一次媒体中心迎来了开幕式前的一次小高峰，大概是有10场媒体见面会、19场混合采访区采访、100余名记者接待，因此所有志愿者都主动要求上岗，以确保工作任务的顺利完成。我们的工作都是一件件不起眼的"小事"——室内的音响、照明、同传设备是否调试完毕？主席台座签是否打印摆放好？开窗通风的时长是否达到要求？室内温度是否合适……工作清单上足足有40项，所有这些都需要我们和媒体见面室的主管滕老师一项项核对。我们还会在座位上做些简单提示，这些纸条别看简单，用处却挺大。比如我们在提示上会告诉参会人员同传耳机各频道的语言，方便他们使用。同时，我们还会提示记者在哪里提问，开头怎么说，以消除他们的紧张感。另外，基于防疫需要，媒体见面会上用的麦克风都戴上了口罩。这其实也是一项挺专业的技术活。尤其是媒体见面会多的时候，只有10分钟的间隔时间，我们又要消杀，又要给麦克风换口罩，工作压力还是很大的。

◎ 薛笑天更新记者布告板

每场媒体见面会结束，每次代表团新闻官和记者向大家致谢的瞬间，我都感受到了我们工作的意义。我印象很深刻的是，在其中一场媒体见面会结束后，美国代表团新闻官伸出了大拇指，向我们说了句"Perfect！"，那一刻感觉自己的工作得到了肯定，真的很开心。

我还记得1月27日那天，北京冬奥村正式开村，有50家媒体前来参加发布会。早上九点刚过，北京冬奥村准点开放了媒体通道，来自全球各地的媒体记者经过安检与换证后陆续到达了他们的工作点位。而这时，记者工作间已经准备好了充电打印设备、各式茶点，写字板上也张贴着最新的天气、交通和Wi-Fi使用等各类信息，媒体记者通过电视画面就可以了解最新的赛事信息。由于防疫要求，记者是不能进入冬奥村内部的，但他们仍然可以通过媒体中心特别设置的混合采访区域，来一览北京冬奥村的全貌，和运动员进行面对面的交流。

而在媒体中心混合采访区，为了防止人员聚集，在这里每个点位之间都划定了一米间隔线，媒体与运动员中间还设置有近2米的安全距离。我们的志愿者不时穿梭其中，为媒体记者递送话筒等收音设备，或者是引导运动员顺利抵达采访区接受采访。其实，工作比较细碎，也会遇到很多困难，比如刚开始的工作时间很长，防疫要求下的挡板摆放不合理等，通过和其他同学、场馆老师的沟通，这些问题都顺利解决，后期的工作也越来越流畅。

有一位挪威的新闻官还给媒体中心送来了感谢信。他叫奥托，已经67岁了，他连续参加过14届奥运会，对中国文化非常感兴趣。他在信里说："虽然由于疫情的影响，很多闭环外的地方都去不到，但是北京冬奥村很大，我们可以在很安全的环境下在村里进行游览，村里的设施、环境都很好，防疫措施也做得十分到位，而且还有很多地方可以让我们了解中国文化，所以是一个不错的体验，非常好！志愿者都很可爱，脸上总是带着微笑。他们也都很乐于助人，非常愿意为我们提供帮助！"在繁忙的工作期间，收到这封信的时候我们真的感觉很暖心。

我还在工作日志中记录了许多常见问题及处理方法，比如遇到询问是否可以换领访客卡，要回答：抱歉，因为防疫要求，记者没有权限进入冬奥村；遇到EP记者想要拍摄一些村内景观，处理方式是：引导至混采区并告知不能录制，同时与OBS人员沟通等。还有一些细碎的问题，像不知道垃圾桶位置的，就需要告知并引导。通过记录和整理工作日志的方式，我可以发现自己的不足，不断改进工作的方式方法。

为新闻和体育感到自豪

2022年北京冬奥会是一场体育盛会，同时也是一场新闻"大战"。在北京冬奥村媒体中心，在记者身边，在新闻一线近距离观看和感受，看到他们全身心投入到这场世界瞩目的冬季综合运动会，看到新闻作品从他们手中诞生，我想这便是来自"体育新闻"最前沿的感动。来自世界各地的记者，在这样一场大型赛事中采访、发稿，这些画面就出现在我眼前，还是非常震撼的。我们服务过新闻发布会最多的一天，那天共有11场新闻发布会，现场有来自世界各地的文字记者、摄影记者、持权转播商等，他们中有录音转文字的、有写稿的、有录视频的、有往媒体发消息的，可以说是一个巨大的临时性的新闻生产基地。每一位记者都非常专注、非常忙碌，时间就是敌人，手里的笔、电脑、照相机等就是武器，目标就是传递北京冬奥会的信息。因为疫情防控要求，记者没有进入奥运村的权限，所以自己国家队来的时候，会有记者在混采区蹲守，记得有两个日本记者在收到羽生结弦可能要来的消息后，在寒风中不吃不喝等了好几个小时，就为了记录下运动员经过时的画面。

一次，媒体中心召开了一场特殊的媒体见面会，主角是中国代表团女子自由式滑雪运动员杨硕瑞。就在当天上午，杨硕瑞刚刚参加了在首钢冰雪大跳台举行的自由式滑雪资格赛，和谷爱凌同台竞技。然而赛前，她在热身赛中受伤，虽然坚持完成了此次比赛，不过抱憾未能进入决赛。在偌大的媒体见面室里，工作人员和志愿者已经调试好了设备，来自人民日报、新华社、中央广播电视总台、中国日报、中新社、中国体育报、北京日报等数十家媒体的记者也早已准备好了采访器材，翘首等待着这场发布会的主角。但是我们接到国家体育总局的电话，宣布了媒体见面会可能要推迟的消息。

媒体运行经理王瑞霞耐心向媒体记者解释说，"因为伤情较为严重，目前杨硕瑞正在奥运村外的医院进行检查和包扎"。经过2个小时的漫长等待，下午五点整，在一行人的陪同下，杨硕瑞和教练白川大助终于来到了见面会现场，记者们争先恐后地抛出了早已准备好的问题。当记者问到为何选择带伤完成比赛时，杨硕瑞坚定地说是"意念"，对于她来说，这不仅是一场比赛，也是在挑战自己、超越自己。自由式滑雪其实是一项危险系数极高的项目，需要克服一定的心理恐惧，但杨硕瑞说到，虽然负伤参赛，但因热爱这项运动，喜欢自己在空中的感觉，一站在赛场上就很兴奋，好像也感受不到疼痛。第一次参加冬奥会，杨硕瑞表示自己仍有许多需要继续努力的空间，未来也会加强练习，比赛失误给了她自我反思与勤加练习的动力,下一步也将总结经验,加强技术训练。杨硕瑞刚满18岁,但她现场表现出的坚守信念、保持热爱、超越自我的精神感染着我,也深深打动了媒体中心的每一位工作人员和志愿者。

我必须要提一下北京冬奥会中国队首金的诞生。在短道速滑混合接力决赛中,4位中国队员配合得很默契,范可新的超强起跑,曲春雨从内道完成超越,再由任子威瞬间加速,保持优势,最后武大靖稳如泰山,率先冲线夺得冠军。这场比赛我们是在回程的班车上看的,大家一起见证了短道速滑团体接力赛夺冠,不约而同地欢呼起来:"赢了!""第一!""中国荣耀!"我觉得这就是冰雪的力量、体育的力量。

我为中国队拿到了2022年北京冬奥会的首枚金牌感到无比骄傲和自豪。短道速滑是中国的优势项目,4位运动员非常优秀,他们值得这个冠军!再加上武大靖和任子威就是北体大的校友,这更增加了我的骄傲之情。在车里大家一起欢呼时,我觉得特别幸福,自己离冬奥这么近,这些运动员就住在北京冬奥村里,就在离我不远的地方,这种感觉很奇妙。有一个点,我记得中国拿金牌以后,场上音乐放了《中国范儿》,放得好!

还有冬残奥会央视记者采访冰球运动员汪之栋时,听他讲自己的成长经历和运动经历,非常值得敬佩。在比赛直播里只知道他是优秀的运动员,有了记者的采访,我才能了解更多关于他的故事。电视上看到的汪之栋作为北京冬残奥会开幕式中国体育代表团旗手,护送五星红旗入场,从采访中才知道:这名小将出生于2000年,7岁的时候因意外触摸高压电线致使右小腿截肢,但他天生乐观好动,没有因此而消沉。2015年,机缘巧合下,他参加了在哈尔滨举行的全国残奥冰球项目首次训练营。这一试就是6年,他爱上了这个彰显"速度与激情"的冰球运动。后来经山东省青岛市残疾人体育中心推荐进入冰球队，从此开启了他的冰球"进阶"之路。功夫不负有心人，在备战北京冬残奥会期间，他作为主力队员参加了2021年残奥冰球世锦赛，打进了10个球，顺利进入北京冬残奥会参赛阵容。冰球比赛允许双方队员合理冲撞，所以被撞、摔倒、被球杆打伤都是冰球运动员的"家常便饭"，是我们难以想象的汗水和伤痛换来了他们为国争光的冠军时刻。这个2000年出生的大男孩儿脸上总是洋溢着特别灿烂的笑容，采访当天，他很亲切地跟大家合照，还把金牌和"金容融"带来。我看见他拉开上衣的拉链，从怀里把"金容融"拿出来的那一刻，真的是很触动，他很厉害但很谦虚，我觉得他值得一切美好。

王诗玥和柳鑫宇也来媒体中心接受了很多次采访，我也见了他们很多次，他们特别友善。接受完采访，他们还会和志愿者一起合影、签名、交换徽章。我对他们比赛的场景记忆犹新，王诗玥、柳鑫宇和两位外教坐在等分席上，对着镜头齐刷刷地摆出电影《功夫熊猫》阿宝邀请对方出招时的招牌动作。这是一只熊猫经过不懈努力成长为武林高手的故事，打动了外教，也打动了观众和裁判。最终他们以总分184.42分的成绩排名第12位，创造了中国冰舞尘封了30年的冬奥会最好成绩，真的很让人感动。

我觉得体育新闻和其他类型的新闻比起来，多了一份来自体育的仪式感和集体荣誉感。在我看来，体育新闻其实并不是简单的关于体育的新闻这么简单，因为新闻的定义是新近发生的事实的报道，而体育新闻中的信息很大一部分是已知的，像时间、地点、比赛双方等。体育新闻更大的魅力来自运动员、来自赛事，他们本身就是非常有代表性和说服力的符号。将这些符号聚集在一起，进行排列组合，生成关于体育的文本，我觉得更像是"英雄故事"。体育也因为新闻、因为传播获得了更大的影响力。因为有了传播，体育不只是实践体育，还是观赏体育，我们不仅可以通过运动参与体育，还可以通过观看体育比赛参与体育。

我为新闻、为体育自豪，新闻把消息传播给世界，体育让世界为之感动和振奋。作为北京体育大学新闻学专业的学生，我很荣幸可以见证和参与这一切。作为一名媒体运行专业的志愿者，能在北京冬奥村媒体中心为北京冬奥会贡献绵薄之力，我很开心。

能为冬奥发声是我的荣幸

按照计划，我会分别在2月3日、2月11日、2月15日、2月16日，远程进行4场咪咕视频冬奥会冰壶比赛的解说，所以在志愿工作之余，我也进行了解说工作的准备。

首先是协调解说的时间，在经过几天的工作岗位和工作任务的适应之后，场馆老师就调整了我们的排班表，工作岗位大致分为接待台、记者工作区、混采区、发布厅，这4个岗位会分别安排3名同学，剩下的2名同学就负责接打电话，完成混采区和发布厅的预约工作。每个岗位每天两人上岗，一人休息，这样轮下来的话，每个人就可以两天一休。解说是在休息日进行的，正式开村之后，14人是两天休一天，我一共解说4场比赛，前两场正好是休息日，后面两场时间冲突，我和在工作间的其他两名同学换了班。然后在其他休息的时间听回放，写复盘。

作为北京2022年冬奥会和冬残奥会媒体运行的专业志愿者，那个时候的我已经在冬奥村媒体中心工作了10天的时间，2月3日是我的第一场解说，正好那天媒体中心的志愿者工作到我轮休。现在想起来，我还是觉得十分激动，因为第二天就是北京冬奥会的开幕式。再加上比赛双方是挪威和加拿大两支实力强劲的队伍，比赛应该会比较激烈。我在驻地的酒店吃完晚饭后就赶快调试设备，和搭档崔世鑫同学开了一个解说前的会议，两个人都是第一次解说冬奥会的比赛，所以心情都有些紧张，但我们还是尽力让自己冷静下来，对比赛可能发生的问题做了一些预案和准备。

尽管准备得很充分，但是比赛刚刚开始时，还是给了我们一个"下马威"，因为在赛前会播放OBS的官方小片，然后进入倒计时，再切入解说。由于我们对这个环节的不熟悉，导致解说切入的时机没有把握好。解说过程当中，也出现了很多问题，比如对"Power Play局"的战术、选手意图的判断不够精准，双人解说的经验不够，远程直播容易出现抢话的问题等。

没关系！万事开头难，"发现问题，解决问题"的过程就是成长和进步的过程，整体来看，我们解说的表现还是比较平稳流畅的，节奏掌握得也比较好。这场比赛也确实非常精彩，两支队伍"强强对话""不分上下"，加拿大队最终以7∶6战胜挪威队。真的到了"战场上"，优秀的冰壶运动员们沉浸在每一个壶的较量之中，我才真正体会到什么是"壶壶生威"，每一道弧线，每一次撞击的声音，都让人振奋，能为此发声，是我的荣幸。

后来进行到了男子冰壶循环赛的第十轮，我开始和研究生学长贲广禄搭档，比赛解说越来越"轻车熟路"，和学长的配合也十分默契。但是随着比赛进程的推进，我发现了新的问题，就是虽然对技战术和场面的把握越来越熟悉，但是很容易又陷入"同质化"的泥潭之中，对于一些类似壶的解读过于单一，也比较相似。这场比赛中的加拿大队在4天之前就和观众"见过面",如果对于这几位球员的介绍还是年龄、体重履历等基本情况的介绍,就会显得过于单一。当然,在冬奥会的这几场解说当中,这样说是没有问题的,因为本身要照顾到大量的"临时壶迷",这些观众出于对冬奥会的关注或者是对于冰壶的好奇观看比赛,本身对于冰壶并没有十分了解,所以需要解说介绍大量的基本知识,进行更加细致的讲解。

可如果是长期的比赛呢?解说如何在大量的比赛中保持新鲜感和趣味性,这需要大量的积累和练习。同样的技战术,如何用不同的表达,如何最直接、清楚地向观众介绍;同样的项目,如何讲得有趣;同样的运动员,如何进行与众不同的介绍。这些都不是一朝一夕可以完成的,不管是技巧还是语料积累,都需要充分了解项目和比赛,并且进行反复的练习。很难想象那些专业有趣、妙语连珠的解说员背后付出了多少努力。成为一名解说员,成为一名优秀的解说员,太不容易了,真的是"台上一分钟,台下十年功"。

女子冰壶团体赛,日本队对阵美国队,那是我解说的最后一场比赛,说完"好的,本场比赛到这里就结束了,我是解说员薛笑天,感谢您的收看"后,关掉直播的那一刻,我十分不舍。

解说结束后,我坐在桌前,翻着解说链接中的评论,脑海里是刚刚赛场上姑娘们坚定的眼神、冷静的投壶、响亮的叫喊。忽然之间,我觉得一切都好奇妙,3年前坐在高三教室里的我,不会想到自己会来到北京体育大学,踏入北体大校门的我,也没有想到自己会在2022年北京冬奥会上扮演解说员的角色。从学期刚开始老师的线上、线下两堂课的讲解,到咪咕视频冬奥解说项目的开启,围绕冰壶展开的笔试、抖音拍摄、解说练习;从最早二七厂的冰壶国家队奥运集训选拔赛到2022年北京冬奥会,我从一个不了解冰壶比赛的小白成长为可以独立完成一场冰壶赛事解说的解说员。

冬梦一场，好幸运。很荣幸，能为冬奥发声；很荣幸，能为体育发声！

过一个"不一样"的年

这个没有回家的春节，充实而有意义。我在冬奥村媒体中心为记者和运动员提供相关的服务——混合采访区、记者工作间、新闻发布厅；我在咪咕体育（咪咕视频体育频道）进行冰壶项目的解说——占位、击打、旋进。我可以骄傲地介绍"我是北京冬奥会媒体运行专业志愿者薛笑天""我是咪咕体育2022年北京冬奥会冰壶项目解说薛笑天"。

春节到了，但是忙碌的工作似乎让我忘了过年的感觉，或者说是忘了传统过年的感觉。当听到德国新闻官一声"祝大家新年快乐！"的新春祝福，才感觉心头一颤，原来要过年了，这还是一个"不一样"的年呢。

除夕夜，大部分伙伴还在村里工作，但是那天我正好轮休。我记得九华山庄驻地里挂起了窗花、对联、红灯笼，还有随处可见的小老虎，看起来喜气洋洋的。驻地给志愿者提供的保障还是非常完善的，活动区有手柄游戏、跳舞毯、玩具射箭、台球、桌上足球、乒乓球、羽毛球、跑步机和动感单车等，设施一应俱全，楼下的读书区陈列了多种书籍，可供我们借阅，还提供有五子棋、象棋、跳棋的小桌子供大家"智力博弈"。生活方面，驻地还有洗衣房、超市、自习室，全方位保障大家的闭环生活。

我下午就和轮休的同学一起在活动区打羽毛球，晚上我们一起吃了年夜饭，年夜饭非常好吃，有荷兰豆炒腊肉、油焖大虾、黑椒鸭胸、清炒西兰花、扬州炒饭、春卷、西湖牛肉羹、砂糖橘，我们吃得都很开心。吃饭时，工作人员大喊一声"新年快乐"，隔壁桌的志愿者也应和着说"虽然大家互相之间可能不认识，但也算一起过年了，咱碰个杯吧"，在这样的氛围中，我不免鼻头一酸，心里也在默念着，"祝各位志愿者虎年大吉，心想事成"！这些瞬间都令人难忘，除夕夜，虽然我们离家在外，但心里都倍感温暖。

我们还收到了志愿者大礼包，感受到了北京冬奥组委对志愿者满满的关怀。大礼包里有11枚志愿者定制徽章，主题是志愿者标志、吉祥物冰墩墩和雪容融、中国的标志性建筑以及飘落的雪花、爱心，设计精巧、制作精良，还有用石头作为原料的冰墩墩的笔记本、以矿泉水瓶为原材料的蓝色圆珠笔，彰显着绿色、环保的理念，除此之外，便携水杯、保温杯、眼罩、餐具、帆布包、暖宝宝等生活用品一应俱全。看到这些礼物时，我瞬间泪目，觉得这才是过年了啊。

我和媒体中心的志愿者、老师也都成为非常要好的朋友，虽然大家来自不同的地方，但是都在一起工作，为了同一个目标而奋斗，我们的心都连在一起。在媒体中心，除了北京奥组委这边的新闻运行团队（14位志愿者、一位经理、一位实习生），还有OBS的两位工作人员和两个BTP（Broadcast Training Programme）项目实习生。OBS的两位工作人员中有一位女性叫Simone，超级友善，会和志愿者聊天。但是在一些工作问题上，她会表现出不容侵犯的原则性。他们的主要工作是服务RT，以及对其他类别的记者进行监管，告知没有权限就不能进行拍摄和录制。例如E类、EP类记者如果在转播席或者其他地方进行录制，Simone一定会勃然大怒。当然，她对事不对人。我觉得她的工作原则和工作效率，很值得我学习。有一天，记者工作间的电视上播放的画面是北京中轴线，她问我这是哪里，我用英文给她介绍了一下，她特别激动地拍下来，发给她的朋友们，并且对中国的历史和建筑赞不绝口。可惜冬奥会结束后她没有机会在北京旅游，四处看看。冬残奥会最后一天，Simone要离开的时候和大家拍照、拥抱，大家都是打心底里喜欢这位巴西朋友。

想要跟"体育"在一起

2008年，8岁的我坐在姥姥家的沙发上，看北京夏奥会开幕式的电视直播，到今天很多画面依然历历在目——梦幻五环、中国卷轴、千人击缶、脚印烟花……直到李宁脚踏祥云，点燃火炬。2008年北京奥运会应该是中国人共同的美好记忆吧，我觉得这是大家共同的情结。

但是参与冬奥会的时候，时常会觉得一切都好奇妙，没有想到自己会在2022年北京冬奥会中担任解说员、志愿者。

开幕式那天，我们志愿者全体休息，大家就在一起观看冬奥会开幕式，我在开幕式上看到了从容、开放、青春的今日中国。无论是倒计时的中国二十四节气景观，还是运动员入场时播放的世界经典名曲串烧；无论是由冰球运动员射门后破冰而出的奥运五环图案，还是灵感来自中国结图案的雪花；无论是满场撒欢儿的孩童，还是手手相传国旗的各个行业代表，每个细节都连通着体育和生活、古代和现代、中国和世界、过去和未来。

2008年北京奥运会开幕式，我们带着一种想要急切向世界证明自己的心情，要一举展现五千年的传统中国；14年后的北京冬奥会开幕式,我们已经从容不迫,心态平和地让大家看到已经站立在世界舞台中央的中国,她从容、开放、浪漫、青春、多彩。

◎ 薛笑天在记者工作间

冬奥会闭幕式时,我看到好多志愿者,他们在寒冷的夜色中挥汗如雨、在如织的人群中来回穿梭、在冰冷的楼道里默默坚守、在呼啸的北风中站如青松……全力保障闭幕式的顺利开展,用点滴行动书写着"一起向未来"的青春力量。非常荣幸,我能成为其中一员,为冬奥会的闭幕式尽一份绵薄之力。虽然没能和观众一样在看台上感受闭幕式的热烈氛围,但是作为引导运动员入场的志愿者,看着一位位在赛场上书写"冰雪奇迹"的运动员从我身边经过,看到他们脸上荡漾的欢欣和期待时；在岗位上听到国歌响起时；望见闭幕式上的中国红和冰雪蓝交相辉映时，我都真真切切地体会到了见证、参与和奉献的喜悦。

想起出征那日，首次抵达九华山庄驻地，我们下午和1.4万名首都高校志愿者师生一起线上观看学习了王春露老师为首都高校冬奥志愿者讲述的"冰雪上的思政课"。

在这堂"不一般"的思政课中，作为25次短道速滑世界冠军得主、国际级健将——王春露老师分享了冬奥赛场上的励志感人故事，从见证中国冬奥金牌零的突破，到转向幕后再续冰雪情缘，点滴诠释着"为国争光"的初心和使命。

作为冬奥村媒体运行专业志愿者，能够成为这场盛会的见证者、参与者，我深感荣幸与自豪，把做好媒体运行专业志愿者的相关工作、为2022年北京冬奥会贡献北体大青春力量当作自己的责任。就像习近平总书记所说，能够参加北京冬奥会和冬残奥会的志愿服务工作，是人生难得的机会。我们下定决心，我们必将振奋精神、鼓足干劲、团结协作、共同努力，确保冬奥会期间各项服务保障工作顺利，让各国参赛人员充分感受到中国人民的热情好客和文明礼貌，感受到春天般的温暖！

其实大二的时候就有冬奥会大学生记者训练营这样一个机会，我就想着当然要去争取。因为能参与到冬奥会肯定是无上光荣的，对自己的专业也是非常好的锻炼，就相当于是"课内外联动"了。因为专业学习和具体实践差距还是比较大的。但是学习和实践可以相互补充，将学到的理论应用到实践中来，再在实践中思考自己有哪些不足，哪些方面是需要后续学习和提升的，这无疑是自我完善的有效途径。

为了成为志愿者我其实准备了很久。首先是选拔考核，我是2020年底参加了冬奥会大学生记者训练营这个项目。当时参与选拔的是北京体育大学、中国传媒大学、北京外国语大学等8所学校，每个学校选15人。我们学校是通过统一的笔试考题，最后挑选出国体5名同学、新传10名同学和其他学校选拔出的学生一起，共120人参加北京冬奥组委和国际奥委会组织的为期5天的培训，然后再次进行选拔。其中有10人可以进入OIS团队，剩下的人就成为媒体运行专业志愿者。其次是培训，有北京冬奥组委IKM平台的培训和学校团委的培训，还有练习英语，了解冬奥会历史、比赛项目等相关知识的培训。

作为体育新闻专业的学生，能够参与到这样一场大型国际体育赛事中，作为媒体工作人员进行工作、学习，是非常宝贵和难忘的经历。在这里，我为比赛的精彩瞬间欢呼雀跃，为五星红旗高高飘扬而骄傲自豪；我感慨运动员一路走来的艰辛与不易，"端详"一个项目发展的前世今生；我发自内心地、深刻地体会到，体育之于个人、体育之于社会、体育之于民族、体育之于国家，弥足重要。

虽然还在成长中的我没有办法说"我将来要做一名优秀的赛事解说员"，但是"解说比赛真的很酷，很有趣！""体育真的值得！"字字恳切。或许是成为体育记者、体育经纪人，或许是继续读书深造，我还没有想清楚自己以后要做什么，但唯一能够确定的是，仍想要跟"体育"在一起。所以，这次志愿活动和解说经历对我来说，也是一个"寻找答案"的过程。我会思考体育的意义，对于我个人来说，这是最大的收获。

荣幸成为北京冬奥会的一片雪花

——柴景涛服务北京冬奥会口述实录

口　　述：柴景涛　2018级　新闻学专业
服务岗位：记者看台席助理
整　　理：梁琰　2022级　新闻与传播专业

个人简介：

柴景涛，北京体育大学新闻与传播学院2018级新闻学（体育新闻）专业学生。2021年，被北京冬奥组委选为国家体育馆专业志愿者，并完成相关培训学习；2022年北京冬奥会期间，出色完成国家体育馆新闻运行领域相关志愿服务工作，并在新华网、天目新闻等媒体平台发表相关文字报道、短视频作品。

岗位介绍：

记者看台席是文字记者现场观赛获得一手报道资料的功能分区。主要工作内容为：按照运行计划运行记者看台席，维护看台秩序，验证前来人员的权限，为记者提供座位指引和信息咨询等服务；检查区域内设施设备情况，包括CATV、信息岛、座椅等；为入座记者分发球员名单和比赛数据等纸质资料。

纸上得来终觉浅，绝知此事要躬行

我所在岗位为记者看台席，主要为现场观赛的文字记者提供服务。我们进入国家体育馆后首先经历了一段准备期，主要工作就是确认设施设备处于正常工作状态，包括排查看台台阶安全隐患、检查有线电视工作状态、为不带桌记者看台席座位张贴"Press"标志并统计数量、为座椅套座套以满足间隔就座的要求等。除了布置检查硬件设施，我们还进行了志愿者工作培训。通过培训，志愿者需要熟记各个功能分区的名称以及人员流线，能够为需要前往特定功能区的记者提供帮助，还需要掌握一定的沟通话术以应对各类情况，能够根据记者注册卡的权限为记者提供相对应的服务。

从1月27日开始，场馆就进入了训练期。原赛程在1月27日安排了一场中国冰球队的封闭训练，后来改到了第二天，不过，这一天我在记者看台席打扫卫生时碰到了体育展示的气氛组排练，小姐姐、小哥哥配合动感的音乐在观众席的场内入口处热情地舞蹈，相当欢乐，我瞬间感觉这天的工作也不是那么枯燥。1月28日是中国队的公开训练日，也是有记者到国家体育馆的第一天，因为是训练而不是比赛，所以来的记者不是特别多。我牢记记者看台席助理的岗位职责，顺利完成了为记者朋友指引路线、提供看台席位信息等工作。记者朋友相当"狡猾"，文字记者会带相机趁机拍照，有摄影权限的记者也会前往非摄影位置拍照，当有志愿者制止他们时，他们会用一些借口来回应，我虽然理解记者朋友随机应变以获得更好报道素材的心情，但是为了我们的赛场秩序，我还是公事公办，提醒他们必须要到有权限的区域。

在训练期，会有少量记者前来观看球队训练，通常不会超过10人，因此这是检验记者功能区运行能力的阶段。随着功能分区的运行，我们逐渐发现了一些前期没有意识到的问题，比如球队训练和常规赛事场次通常不会有大量记者，但在决赛期间，一定会有大量媒体前来观赛，会占据相当数量的带桌记者看台席，导致稍微后来的文字记者无法入座这些区域，这就违背了记者看台席的服务客户群是文字记者的要求。在各方的协调下，我们灵活调整相关规定，达成了一些共识：第一，整个西侧看台大部分区域为记者看台席，按照规定只有文字记者可以入座，但实际上RTB（有转播权的广播电视记者）人数较文字记者更多，因此在不影响文字记者优先入座的前提下，允许RTB等拥有4区权限的人员入座；第二，关于文字记者能否拍照的问题，明确了可以使用手机拍照、录像用于个人社交媒体发布，但不能使用专业设备摄录；第三，明确了场馆工作人员、志愿者等不能入座记者看台席；第四，明确了AO类人员（作业人员）不能入座记者看台席，应该将他们引导至三层运动员和随队官员座席。这样一来，记者看台席的规定得到了细化，便于之后正式比赛遇到这些问题时，志愿者可以从容应对和解决。

在比赛期，记者看台席进入正常运行状态，志愿者参照以往培训和训练期的工作经验，力争为前来报道的记者提供周到、适宜的媒体运行服务。这个时期我们的主要工作有如下几项：第一，记者看台席志愿者需要按照运行计划运行记者看台席，维护看台秩序，验证前来人员的权限，为记者提供座位指引和信息咨询等服务。记者看台席最主要的工作是识别记者类型和权限，将他们引领到对应的座位区域。以国家体育馆为例，西侧看台中心区域为评论员席位和转播商席位，两侧45度角顶部有OBS观察员席，因此当非文字记者（主要为RTB类和HBC类主转播商）来到记者看台席时，我们需要向他们进行解释说明。当AO类运动员及随队官员来到记者看台席时，则应阻止其就座，引导其去三层运动员和随队官员座席（Athlete & Team Official Seating）。第二，我们需要检查区域内设施设备情况，包括CATV、信息岛、座椅等。记者看台席助理要确保看台席区域的设施设备处于正常状态，其中CATV是最重要的部分。CATV发挥着为记者提供实时转播画面的作用，能帮助记者看清无法直接看到的比赛细节。在运行过程中，我们碰到了因为连接问题导致CATV返回卡界面的情况，因此看台席助理需要随身携带CATV遥控器以防记者无法及时收看转播画面。第三，由于记者喜欢搬动带桌看台席的座椅挤在一起就座，因此我们需要在比赛结束后对座椅进行归位和清点，避免座椅丢失。

除此之外，为入座记者分发球员名单和比赛数据等纸质资料也是我们的主要工作。记者看台席助理需要和文字记者工作间的同学配合，及时将工作间打印出来的资料带到看台席，为在记者看台席功能区的记者提供球队阵容、首发名单和各节的数据统计，为记者提供撰写报道的官方数据资料。值得一提的是，撰写VMC领域记者看台席功能分区的运行日志，是我们的每日常规。每日比赛或训练结束后，志愿者就需要撰写运行日志，对当日工作进行总结。内容主要有记者最早/晚的到达/离开时间、当日记者平均人数、峰值人数和具体时段、记者询问的主要问题、运行过程中碰到的问题以及解决措施。同时，记者看台席功能分区的运行日志会和其他分区的运行日志汇总，生成当日的VMC领域运行日志，为媒体运行工作提供系统的记录归纳。最后，我们要协助其他功能分区志愿者和主管完成相应工作。VMC领域的志愿者作为一个整体，通常需要在某一功能区负荷较大时抽调人手进行协助。以国家体育馆为例，男子冰球比赛仅在铜牌赛和金牌赛两场赛后开设新闻发布会，新闻发布厅助理在前期处于无工作状态，因此这些志愿者会支援运行压力较大的新闻混合区。而记者看台席的志愿者在通常情况下也需要协助文字记者工作间的志愿者，帮助他们为记者提供信息咨询服务，有时EP类摄影记者无法找到摄影位置时，也需要将他们带到指定位置，交由摄影领域的志愿者继续提供服务。

"纸上得来终觉浅，绝知此事要躬行。"作为北京体育大学体育新闻学专业的学生，虽然我在大学二年级就已经学习了刘亚平老师的"媒体运行服务"课程，对媒体运行服务理念有一定的理论储备，但是对于媒体运行的概念也仅仅是停留在PPT的文字和老师口中讲述的一个又一个妙趣横生的案例中，而现在，当我真正经过冬奥会这样的实践锻炼，切身走过媒体流线、识别媒体人员注册卡权限、参与媒体运行服务之后，我才对这一领域有了真正的了解。曾经在课堂上让我羡慕的故事中的场景，如今我竟也真切地参与其中。看来，书本上的知识只有通过实践的检验才能内化吸收。

我要感谢学院给我提供的机会，北京体育大学新闻与传播学院制定了《北京体育大学新闻与传播学院服务冬奥项目运行方案》，从前期策划、中期执行、后期总结等各个阶段为同学们提供实践机会与平台。我共参加了"我为冬奥做贡献"主题视频宣传活动、工作日志、新华网赛事报道、天目新闻拍客、实践报告等5项实践活动。我结合自身兴趣和所服务场馆的承办项目，在陈志生老师的指导下撰写并发表了两篇冰球相关的体育报道，分别是冬奥会男子冰球比赛的前瞻预告《中国男冰能否成为本次赛事的"黑马"》和中国国家男子冰球队首战对阵美国国家男子冰球队的赛后评论分析《中国冰球里程碑：输了比赛，但赢得尊重和未来》。两篇报道依托新华网的平台，均获得了超过10万人次的阅读点击量。更重要的是我通过这样的大赛实践经历，一定程度上提升了自己的写作水平，增强了作为一个体育新闻记者应当具备的业务能力。另外，学院对接天目新闻，鼓励学生以短视频形式传递冬奥会现场的软新闻内容。经过天目新闻拍客的实践，我主要得出三大感悟：第一是要敢于拍摄，要克服提出拍摄要求但有可能遭到拍摄对象拒绝的心理恐惧，这是想要做好这项实践活动的基础；第二是要善于发现，寻找既有新闻价值又具备可操作性的选题，选题创意可以来源于特殊的节日，也可以来源于生活中的观察，还可以通过结合社交媒体关注的热点与具体情况而来；第三是要追求时效，为了保证新闻的时效性，传媒工作者经常要加班赶稿。

　　此次冬奥会志愿服务，让我有机会参与到奥运会这样的大型赛事运行管理工作中来。现实的情况远比课本上学到的更加复杂，却也更为生动。每一次面对不同问题时的不安，每一次解决问题后的畅快，每一次的自我反思和提高，都让我在实践中近距离感受到了媒体运行的魅力所在。这些经历让我明白，一场大型国际赛事成功举办的背后是无数人的心血，从前期的准备策划到最终的实施，在经历无数的"推翻—重来—推翻"的过程中，我们的视野慢慢变得开阔，考虑问题也更加周全，应对危机的能力也大幅提升。这一切的一切远远超过了当初课本上学到的概念性的知识，我在这里所体会到的，更加生动鲜活而又富有意义，对于日后想要从事相关工作的我来说，是一次无比宝贵的经历。

因缘相遇,因爱相聚

"如果我当时对报名通知视若无睹,如果我笔试、面试表现不好,如果我对考研走火入魔……太多的如果了!最终能够成为冬奥志愿者,这一切的如果都不能发生,这还不是缘分嘛!"这是我在冬奥志愿服务总结中写下的一段话。我和北京冬奥会的缘分,来源于我对它一次次坚定的选择。来到北京体育大学上学,终归是有一种对体育的热爱,北京冬奥会对于北京、中国和世界来说,都是一场意义非常重大的盛会,我能成为其中的一分子、能以一个亲历者的身份参与冬奥会,对我个人来说是一段非常宝贵、非常难忘的经历。

2019年12月5日,2022年北京冬奥会志愿者全球招募正式启动,在同学、老师和家人的鼓励下,我第一时间在官网上进行了一系列的注册报名,我与冬奥会的缘分就此开始。2021年3月,我通过北京体育大学的媒体运行志愿者报名渠道提交了申请表,由于疫情,北京冬奥组委将志愿者选拔重点放在了北京的高校学生中,作为北京体育大学的一员,我被选中的概率大大提高。考虑到自己的专业特长和选拔的门槛,我选择了媒体运行岗位,这对我来说也是一个提升专业能力的契机。从2021年3月开始,我先后参加了媒体运行志愿者选拔的笔试、北京冬奥组委组织的面试,2021年9月2日我得到了自己正式入选的消息。当时的第一反应是欣喜,可在欣喜过后,我又陷入了参加冬奥志愿服务与准备考研的纠结中。那几天,我不断地思考参加北京冬奥会对于我的意义,也在计算着考研复习所要花费的时间和精力。仔细一想,其实这不是非此即彼的选择,冬奥志愿服务和考研我都难以割舍,最终我选择搏一把——边参加冬奥会培训考核边准备考研。

◎ 柴景涛在北京体育大学留影

为促成与北京冬奥会的这一段"缘",相关各方也做出了很多努力。在入选之后,我参加了各种各样的培训和活动,这其中包含了北京冬奥组委、北京体育大学的专业培训。北京冬奥组委的培训内容相当细致,有冬奥志愿礼仪、项目规则、项目知识、冬奥会和冬残奥会知识等一系列系统的网络课程。不参加北京冬奥组委组织的培训活动,我永远不会了解为了成功举办一届精彩的冬奥会,筹备人员需要注意多少细节。如果作为一个普通的电视机前的观众,很难看到幕后媒体运行保障工作人员所做出的努力，但是作为一个参与其中的工作人员，就会很深切地理解到，为了能让如此重大的赛事顺利运行，工作人员在幕后付出了多大的心血。

我有"缘"观看了张艺谋导演的北京冬奥会开幕式。奇妙的数字"24"：二十四节气倒计时，在最后一个节气"立春"过后，拉开第24届冬季奥运会的序幕，北京夜空中的中英文烟花绚丽！壮观！黄河之水天上来，奔流不息，瞬间成冰，开启冰雪的盛会。用冰球击碎寒冰，解开奥林匹克五环的封锁，这个创意棒极了。各行各业的人们传递国旗，一位小男孩用小号吹响《我和我的祖国》，奥运的魅力正在于它让每一个平凡人都有了实现自己英雄梦的机会。从贫困山区到冬奥会开幕式，在想象中遥不可及的距离，在这一晚被拉近，山区孩子的梦想之火也在这一晚点燃。最后的点火环节——"百年首创"的最大悬念：不再是熊熊燃烧的壮观之火，而是在由各国雪花组成的大雪花簇拥下的微火，简约、低碳、可持续等理念尽在其中。这是一场成功的冬奥会开幕式，中国人用"体育"这个舞台向世界讲好了中国故事。对比2008年北京奥运会，中国人不再迫切地向世界展现自己璀璨的历史和文化，而是将"我"变成"我们"，人类是一个休戚与共的大家庭，大家都"真诚、善良、爱美"，给中国人的浪漫与情怀点赞，相信世界总有一天会懂中国，我们也能在此看到体育对于国际传播的意义。

这次北京冬奥会之旅，最荣幸的是我有"缘"成为北京冬奥会闭幕式的现场观众。当国旗升起所有人齐唱国歌、当火炬在逐渐微弱的光芒中熄灭、当大屏幕上出现冬奥回顾和感谢志愿者的短片、当巴赫说"感谢运动员给了世界一个和平的机会"……我数次感动落泪，这是永生难忘的回忆！在闭幕式上，我看到了十二生肖等中国文化元素，一种身为中国人的自豪感油然而生，文化自信大概源于此。中国代表团入场时，我们都挥舞着小国旗，站起来喊运动员的名字，他们都是中华民族的英雄。闭幕式过后，我还在社交媒体上看了一些推文，感悟了自己在现场没能发现的"中国人的浪漫"（解说词会讲述一些环节背后的含义），但是在现场会把闭幕式看得更深刻，现场的观众会完全被气氛感染。

在北京冬奥会志愿服务期间，我感受到了太多有爱的瞬间，其中最令我铭记于心的便是在北京冬奥会过的"冬奥年"和偶遇的加拿大老爷爷。在从学校出发进入闭环的第一天，我在当日的工作日志中写下了对自己的期许：吃好喝好睡好，服务好冬奥会，结交一些志同道合的朋友，多读书多锻炼，最重要的是要多和家人发消息、打视频电话，和家人分享自己的生活点滴。现在看来，我的期许都在北京冬奥会一一实现。

北京冬奥会正值中国农历新年，这是我第一次在春节期间远离家乡和亲人，但我的心里没有太多牵挂和伤感，因为北京冬奥会志愿服务团队让我在离家1000多公里的北京找到了另一个"家"。临近年关时，志愿者就主动张贴起了春联、福字、中国结等带有中国春节元素的物件，原本色调冷清的工作间在这些火红的小装饰的衬托下变得温馨起来，冬奥不只是冬奥，也是带有中国年味的冬奥。除夕那天下午，我领取到了期待已久的激励物资，尤其是Swatch的冬奥限量款手表，对我来说，这是最好的新年礼物。激励物资是一个很神奇的东西，有石头做的环保笔记本、帆布袋、各种零食小吃和徽章等，拿到激励物资后的我们工作更加积极了。在媒体报道"一墩难求"时，我们收到了场馆免费发放的冰墩墩，团队的归属感和凝聚力瞬间被激发了出来。

在冬奥会期间，运动员、志愿者和工作人员之间风靡着一种活动——换徽章，北京冬奥组委的激励物资给了我和别人换徽章的"第一桶金"，之前我因为忘记和交谈甚欢的美国女记者换徽章而感到遗憾，心想以后绝对不能错过任何一次换徽章的机会，后来我用一个志愿者徽章换来了意大利代表团和玻利维亚代表团的徽章，后又被新华社记者用一个中国代表团的徽章换走，在这其中，我感受到了换徽章的快乐，同时感慨自己为什么没有遇到一个"散徽章童子"。

2月13日，在加拿大队训练的场馆里，我注意到了一位坐在三层看台的老爷爷——因为通常情况下，文字记者都会选择优先坐在视野更佳的二层。于是我前去查看，在检查完注册卡确认了他有4区权限后，我问他是否愿意和我换徽章。他因为没带徽章表示遗憾，但主动问我是否可以明天或后天的时候带一个来和我交换，于是我们约定后天（2月15日）再见。元宵节（2月15日为元宵节）那天，我带着亲手折的一片加拿大的标志——枫叶折纸前往。他很喜欢我的枫叶折纸，但只带了一个徽章，还说我如果喜欢的话可以留着自己的徽章，不过我果断地把一个有志愿者标志的徽章给了他，希望这个徽章能成为他对北京冬奥会美好回忆的一部分。这时候他提出给我签名，还要看一下我的名字给我写祝语，直到那时，我才知道原来他是加拿大冰球协会的CEO Tom Renney！

接下来一场比赛赛前和节间我又去找了他，和他交流了对比赛的看法，为他提供了比赛数据单，Tom Renney表示加拿大队的比赛会是一场硬战，"只有最强的队才能赢得最终胜利，和瑞典队的比赛如此，和昨日中国队的比赛也如此"。和我同组的几个志愿者都因为热情周到的志愿服务结交到了外国好友，有一些还相互留了联系方式，一直都在社交媒体中保持互动。我没有要Tom Renney的联系方式。我们相识于北京冬奥会，换徽章的约定让我们的友情更进一步。虽然我们没能保持联系，但是与他的相遇会永远封存在我的北京冬奥记忆里，希望他也如此。

体育之美：挥洒在赛场上的热爱

现场观看冰球比赛和观看电视转播的感受截然不同，现场观看冰球比赛会有更浓烈的紧张刺激感。经过多日现场观赛后，我基本已经能看懂冰球比赛，越位、死球、争球、受罚、多打少这些基本规则都已了解。作为国家体育馆记者看台席助理，我有幸观看到了几场精彩纷呈的比赛。2月7日的比赛是瑞士女冰对决芬兰女冰，比赛相当焦灼。虽然我因为去训练馆轮岗，错过了中间的一段比赛，但是一回来芬兰女冰就进了一球，把比分追到2∶3，然后我又现场观看到了最后6秒叫暂停用前锋换掉门将的关键时刻，这才是让人热血沸腾的奥林匹克！赛后瑞士女冰运动员向观众和媒体看台致意，我由衷地为她们鼓掌。两天后，男子冰球第一战在国家体育馆上演，俄罗斯奥委会队1∶0险胜瑞士队，来报道的记者人数创新高，我们的工作强度也有所增加，大赛的氛围燃起来了。我还记得在四分之一决赛因为球队落后而对着我大喊"my god"的芬兰球迷、记得斯洛伐克球迷带着他们的"特产"（一种转起来特别像电钻，至少音量如此的鼓掌工具）"制霸"三层看台、记得在总决赛失利后单膝跪地久久不起的俄罗斯奥委会队运动员，他们都把热爱挥洒在了赛场上，让人由衷地感慨体育的美妙。

中国队的运动员也同样将他们的热爱在赛场上尽情挥洒。"如果有一个中国运动员，20年后站上冰球最高舞台，人们问到他为什么练习冰球，他会回答'2022年，我看了中国队的比赛'，那就是我们这代人的成功"。中国国家男子冰球队队长叶劲光如是说。

2月10日晚，中国国家男子冰球队迎来了冬奥会赛场上的第一战。这一晚，我在场下看台席观看了全程比赛，这场比赛在中国男冰与美国男冰之间展开。第一节前十分钟，中国男冰打出了气势，面对两届冬奥会金牌得主——拥有众多未来NHL潜力新星的美国男冰丝毫不畏惧。这场比赛的观众明显多于其他场次比赛，上座率非常高，看台席上的中国观众随着场上的每一次逼抢、身体对抗而起立欢呼、鼓掌，我也一样。但是到了第二节以后，中国男冰的体力明显下降，与对手的实力差距逐渐凸显，最终输掉了比赛。

中国男冰输掉了比赛，但是赢得了尊重。事实上，中国男冰参加北京冬奥会的过程并不顺畅，直到2021年11月，国际冰联才通过两场测试赛认可了中国男冰的实力，最终确认了中国男冰的参赛资格。中国男冰在站上北京冬奥会赛场的那一刻，就值得所有的鲜花和掌声。赛后，我用休息时间写了一篇关于中国国家男子冰球北京冬奥会首战的文章，赞扬叶劲光等华裔老将为国征战的热血情怀，以及年轻一辈登上世界大赛舞台的拼劲。

2022年2月15日是元宵节，我主动加班到凌晨，只为现场看到中国国家男子冰球队在这届冬奥会的最后一场比赛。上一场0∶5，这一场2∶7，中国队场场都在进步。赛后，我经过混合采访区，听到中国球员说"希望通过这次冬奥会，让冰球能被更多人关注，激励下一代人"，瞬间热泪盈眶。这次冬奥会，一定会是中国冰球的一个里程碑，从"0"到"1"永远是最困难、最伟大的！中国男冰拼搏的精神、冰球自身所拥有的魅力，吸引着我参与到冰球运动中来！

我的冬奥关键词：感动 自豪 成长

当记者让我用三个关键词来总结我的北京冬奥之旅时，我选择了感动、自豪和成长。

其实在成为冬奥志愿者之前，冬奥会对我来说只是一个模糊的符号，甚至当我第一次迈进国家体育馆，我的心里都没有太大的波澜。但在北京冬奥会闭幕式那天，在鸟巢，在看到数万来自闭环内外的观众、志愿者以及工作人员一起跟着"love is here燃烧的雪花"的歌声挥舞手中的小国旗的场景时，我多次潸然泪下：一切都是那么圆满。

感动来自很多可爱的人。

虽然我们住的房间空间狭小，甚至还要特意搭一张折叠床，但是酒店的工作人员会在我出发去工作时给我加油，会在我凌晨归来时和我说一声"辛苦了"；餐厅入口的一男一女两位服务人员，会在我还没走近的时候就主动问好；做核酸的工作人员，会在排队人少的时候观察我们注册卡带子上的徽章，好奇我的捷克头盔钥匙扣是和谁换到的；虽然总喜欢组织"无聊"的活动，但付含阳和石阳君两位老师在大年二十九的晚上给我们准备了家长寄语的贺卡，石老师还自学理发开门营业（虽然或许没人敢去）；虽然在场馆开始几天，佳易姐总是使唤我干重活，天天到处搬东西，但是她在快要分别时给每个人买了热狗，睿璇姐给每个人要到了IIHF（国际冰联）的冰球，嘉琪老大会和我道珍重，祝我一切顺利；场馆的P类工作人员都是那么可爱，虽然我曾经觉得他们很可怕，不敢和他们多说话。所有这些都让我深深感动并终生难忘。哦对，我突然想起来，那个捷克头盔钥匙扣就是有一次打饭的时候，一位竞赛管理的老师主动换给我的。

还有同学之间的感动。我们会一起聊天，给寿星准备惊喜，帮忙带激励物资，帮忙换班，一起去要徽章，这都是一个多月并肩战斗后的战友情义。还有外媒记者和随队人员的感动。我不会忘了第一次换徽章是和一个"卖手机的"大哥，他不假思索同意了我想多要一个徽章的过分请求；德国转播商美女好奇地看着志愿者在元宵节那天猜灯谜，然后大方地用3个德国徽章和我换了志愿者徽章；赖在记者看台不走的捷克队AO，勉为其难答应后主动拿徽章贿赂我，看我有一个捷克头盔钥匙扣还和我击掌；还有Tom Renney，约好换徽章后，他如约前来，还向我秀了自己加拿大冰球CEO的身份给我签名，不过他的"硬战"一语成谶，加拿大队早早出了局。

自豪来自很多特殊时刻。

当亲历了2022年北京冬奥这场盛会，作为一个有着浓烈家国情怀的时代青年，我的自豪无以言表。在2022年的冬天，中国向世界展现了自己的浪漫与大气。开幕迎客松，闭幕折柳送，张艺谋懂中国人的浪漫！武大靖拍任子威的手示意"老弟先走"，是短道速滑队的兄弟情谊！给运动员发的礼包、奥运村的豪华住宿，是用细节获胜的北京冬奥会！苏翊鸣和谷爱凌告诉世界"Z世代"的能量超乎想象！冬奥"顶流"冰墩墩风靡，特许商品店线下排不到，网上抢不到，冰墩墩是最受欢迎的冬奥会吉祥物毋庸置疑！简约，安全，精彩！北京冬奥会是中国向世界正名的一个里程碑，相信中国故事会在更多国际友人的心中生根发芽，越来越多的国际友人会成为中国的朋友。奥委会主席托马斯·巴赫在闭幕式上说:"感谢北京冬奥给世界一个和平的机会。中国给世界的机会不仅是和平,更是'一起向未来'的人类共同命运体的中国智慧!"

毫无疑问,我为能够成为2022年北京冬奥会的一片"雪花"而感到自豪!当看到五星红旗在鸟巢升起,一切的付出和辛苦都是值得的,这种荣幸与自豪,只有亲身参与冬奥才能享受到。

成长来自很多试错和进步。

冬奥会的这段经历让我成长许多,这种感觉在过程中并不明显,但现在回望,我想要好好感谢一下曾在动摇中坚持下来的自己。曾经的我不敢对外国人说英语,通过一个月的实战练习我信心倍增!曾经的我面对难以完成的事情会焦虑不安,现在我知道只管努力就好,剩下的交给天意,努力的人运气不会太差,船到桥头自然直!曾经的我不善于和别人交流,现在我会主动出击,每天为不同的记者服务,和他们聊天,给他们带路,社交恐惧症有所缓解!一个多月的时间里,除了特别忙的几天,我几乎每天坚持锻炼,身体变得更强壮了!总之,不管身体上还是心理上,通过这段冬奥之旅,我成长不少!

"今天是2022年2月27日。今晚零点,我将结束为期7天的移出隔离,为冬奥志愿者这段难忘的旅程画上一个句号(虽说后面还要在酒店继续14天的健康检测)。现在回想,这一切都如梦一般不真实,很幸运成为2022北京冬奥会的一片雪花,感恩所有遇见!"这是我在冬奥会志愿服务期间的驻地——望京假日智选酒店的电视机前所写下的一段话。北京冬奥会带给我很多收获,包括北京冬奥组委在衣食住行方面给我们的支持,北京冬奥会的开、闭幕式大受赞扬,冬奥会和冬残奥会吉祥物冰墩墩、雪容融受到了世界人民的喜爱……所有这些都在时时刻刻提升着我作为中国人的自豪感。此次冬奥会，我有幸作为记者看台席助理参与志愿服务。在这个岗位上，我找到了自己的热爱，更加坚定了要从事体育新闻事业、为体育做出一些贡献的信念和决心。北京冬奥会让我更大程度地实现着我的人生价值，是我人生路上的宝贵财富。

人类团结之火的燃烧从未停止

——孙一敏服务北京冬奥会口述实录

> 口　　述：孙一敏　2019级　新闻学专业
> 服务岗位：OBS项目赛事服务岗位
> 整　　理：庄天乙　2020级　新闻学专业
>
> **个人简介：**
>
> 孙一敏，北京体育大学新闻与传播学院2019级新闻学专业本科生。北京冬奥会和冬残奥会期间服务于OBS项目的赛事服务岗位，并圆满完成了各项工作任务。
>
> **岗位介绍：**
>
> OBS项目赛事服务岗位负责向参与冬奥会报道和转播的OBS媒体工作人员提供各方面服务。具体负责统筹北京冬奥会和冬残奥会期间所有竞赛场馆中媒体运行工作人员的后勤保障工作。

与众不同的培训经历

我在北京冬奥会和冬残奥会期间服务于OBS项目的赛事服务岗位，具体负责保障冬奥会和冬残奥会期间所有竞赛场馆的媒体运行工作人员的后勤保障工作。

例如，在刚上岗的一段时间内，我们会去清点、整理和分派全公司职员的制服，并分发给他们。我们的工作内容还可能包含一些通勤服务，比方说，DDS Shuttle是冬奥闭环内部所有媒体人员通用的一种车辆，当时这种车辆的通勤也是我们在负责的。除此之外，我们还负责一些其他工作岗位上相关文书的翻译工作，这可能需要跟崇礼、延庆等其他赛区密切的交流联系。总之，我们的岗位工作领域繁多，内容也比较琐碎。

我们BTP项目整体的选拔和培训时间其实还是非常长的。从开始了解这个项目，到最后确定录用名单，用了整整一年的时间。2020年10月，我们第一次见到了BTP的负责人和OBS的一些工作人员，他们到校园里给我们开设了一个简单的讲座，其实也算是一个选拔通知，为我们详细介绍了国际奥林匹克广播服务公司的职责，也向我们展示了OBS的日常工作状态。令我印象十分深刻的是，当时的老师们表示，这不是一份普通的志愿服务，而是一份实习工作，希望大家都能够好好把握。本来能够在家门口遇见一届冬奥盛会就是很幸运的事情，更何况还有这么难得的机会呢？于是我下定决心，一定要努力去争取一下。

我们先进行了一轮笔试，顺利通过笔试之后，我们还进行了校内的面试。当时的面试内容很灵活，因为我们将要在一个全英文的环境下工作，所以对我们的英语沟通能力要求很高。面试的总体内容就是设定一个奥运的特殊情境，在这个特殊的情境下，如果发生某种应急状况，你会怎么用英文和别人交流沟通。

通过了校内的面试后，面对的就是OBS的老师的筛选。老师们首先会告诉我们OBS公司的哪些岗位是可以竞选的。比方说，当时供我选择的岗位有两个，一个是场馆运行，另一个是赛事服务。其实对我来说，这段前期选拔的经历还是非常难忘、非常有意义的。因为我经历了一段与众不同的培训。按照规定，我们每人只能选择一个岗位，但是我的确是比较特殊也比较幸运，当时我是两个培训都参加了的。

一开始的时候，我其实很想去场馆运行岗位，也就是到各个场馆里面去帮助OBS和其他媒体技术人员做一些技术性的信号转播工作，所以我最初参加的培训也是场馆运行相关的培训。我记得很清楚，当时我们集体前往了首都体育学院，参加了两天的线下培训。那两天的工作量很大，虽然有点累，但是培训内容还是挺充实的。我们不仅见到了那些之前只能在电视上才能看到的信号转播设备，还系统学习了如何操作这些设备。除此之外，我们还重点学习了一些其他辅助服务工作的内容，比如怎样帮助现场的媒体工作人员去收取信号线。我们走进了赛事转播车，赛事导演就是在赛事转播车里进行转播、切画面、剪辑等幕后工作的。做好这些工作之后，导演们会把制作好的信号通过信号发射器发送给主台，再通过主台把这些画面的信号分发到全世界的众多电视台。我很幸运能够通过那次培训，亲身体验到大型赛事的整个媒体信号转播是怎么运作起来的。正是有了这些人的通力合作，才让摄像机所拍下的现场画面传向了千家万户。

我还记得，当时我们的培训主管让我们体验了很多不同的东西，我印象比较深刻的一项是指导我们尝试操作摄像机。因为那一台摄像机很大、很沉、很贵重，所以当时我们的培训主管老师就要求我们每个人一定要亲手试一下，感受一下当摄像导演是什么感觉。我们每个人真的都亲自拿着摄像机去转播了一场首体的篮球赛。一场比赛转播下来，真的感觉很累，但是心里也有着一种难以言说的成就感，因为这个经历是独一无二的。

◎ 孙一敏在首都体育学院参加培训

我们的指导老师很多是身经百战的专业大咖，他们都亲身参与过各种各样的大型赛事转播。他们拥有丰富的专业知识和一流的实践经验，单单通过跟他们聊天就能让人收获不少东西。我在那场首体的线下培训里面还真的认识了很多好朋友、好老师，所以我觉得自己还是非常幸运的，那次培训对我来说也是非常有意义的。

但当我参加完这个培训之后，突然出现了一个小小的变故。因为种种因素，我收到了我们当时岗位负责人的邮件，他表示：我虽然已经通过了场馆运行的选拔，但是因为赛事服务岗位需要更多人员，希望我能考虑一下放弃场馆运行岗位，转换到赛事服务岗位。据岗位负责人介绍，赛事服务岗位工作周期长，薪资也就会比较高，更重要的是我能学到一些不一样的东西。我同意了这个转换岗位的请求，在整个选拔环节快要结束的时候，又去紧急地参加了赛事服务的培训。幸好赛事服务的培训相对来说比较轻松，因为大多数都是一些线上的内容，我们只需要登录OBS内部的学习网站，按照学习流程完成每天的培训内容就可以。

赛事服务岗位跟场馆运行岗位其实是两个完全不同的领域。场馆运行岗位需要踏踏实实地在场馆里埋头做事，而赛事服务岗位则需要跟更多的人面对面交流，需要做很多与他人打交道的工作。在参加完赛事服务的培训之后，我很快收到了OBS赛事服务岗位的录用通知。我当时特别高兴，也很期待，毕竟能在自己家门口的冬奥会上得到一份这样高含金量的实习工作，无疑是千载难逢的宝贵机会。我很感恩，同时也暗暗下了决心，我一定要珍惜这次机会，尽最大努力把工作做好。

在赛事服务的岗位上

赛事服务是一个涵盖了整个奥运周期服务的部门，可以说这个工作的战线非常非常长。赛事服务不像场馆运行，因为他们是负责摄像信号制作和分发的工作，所以他们的工作周期相对较短，在岗时间能够控制在冬奥会的比赛日内。赛事服务则不同，我从冬奥会开幕的前半年就准备上岗，因为我后面又拿到了冬残奥会的录用通知，所以我一直工作到冬残奥会结束后的三个月。除了工作时间长，我们的工作量也很大。整个外国媒体团队在北京冬奥会和冬残奥会期间的通勤、住宿、饮食、交通各个方面都需要赛事服务部门来筹划，我们会被分配到不同的场馆，在不同的场馆经历不同的事情、负责不同的工作。

我在2021年12月就上岗了，我们首先入住了闭环内的酒店，由于疫情防控管理的需要，我们的第一项工作就是集中隔离。上岗的第二天，OBS的部门负责人给我们分发了身份注册卡。其实当时我们的身份注册卡已经提前上交到OBS的信息部门并提交给奥组委了，当部门把这些奥运注册卡分发给大家的时候，大家的身份注册已经基本完成了，最后一步的注册内容就是到工作单位之后的入职登记。比方说我的工作单位是MMC（Multi Media Center，主媒体中心），我需要去主媒体中心的身份注册点，由那里的志愿者核对好身份证和注册卡上的信息之后，在电脑上完成我的登记注册。等到我们做完例行的核酸检测后，所有的前期准备工作就完成了，也意味着我们正式上岗了。

OBS的工作人员相对于志愿者来说有一些特殊的地方，就是权限范围不同。虽然大家拿的都是奥运的注册卡，但是我们的会标明"主转播商"，所以我们的权限是不一样的，也就是说我们主转播商的权限相对高一些。因此我们就能进入其他志愿者可能进入不了的场馆。有了这个权限，其实在工作闲暇之余，我们的主管可以允许我们去现场看比赛，我觉得这是一件很幸福的事情。包括在主媒体中心，各个电视台都有自己的办公室，志愿者也都是不能进入这些办公室的，但是我们OBS的工作人员拥有这些权限，可以进入这些办公室进行工作和学习。另外主媒体中心的后台制作区也是只有OBS的工作人员才能够进入的，因此我们能够观摩到一些技术性的工作。

我们在赛事服务岗位上的工作内容涵盖范围很广，所以我做过的事情也特别多。开始上岗的时候，我在机场的仓库为我们公司所有职员分发制服。那几天确实很辛苦，因为要起很早，我们早上七点出发，到达仓库之后，就开始工作。我们首先需要把这些从西班牙马德里发来的衣服从箱子里面拆出来，然后按照不同的码数分好。不同的岗位需要的衣物种类可能也不同，因为大家都在不同的赛区、不同的场馆，比如有些人在张家口的山上工作，可能就需要一些更加防寒的衣服，相反有些人一直在室内工作，可能就不需要这些衣服。然后我们还需要根据每个人前期所填报的衣物数据，把不同种类的衣服全部分好，由我们仓库分发到各个场馆。

到IBC (International Broadcast Centre，国际广播中心)后，我们的工作内容更加复杂。我们上班的制度是打卡制，每天上班之前、下班之后都要打卡，完成8个小时的工作量。排班主管会根据每个人的工作内容，将我们分配到不同的时间段，然后我们就根据分配好的时间段来到IBC工作。我在IBC的工作主要包括物资输送、通勤管理、文书翻译等。比如，为媒体人员运送日常用品、食物、饮料，为通勤部门的负责人做电话翻译、纸质文书翻译等。在工作的后期，我们偶尔也会去场馆提供服务，但是工作内容基本上与在IBC的工作大同小异。这些工作虽然没有多么高深的技术性，但确实是比较繁杂。

克服困难才能培养能力

服务冬奥会的工作真的很累、很辛苦。但是这种身体上的辛苦和困难是比较容易克服的，让我真正觉得辛苦、觉得难熬的是一种来自心理上的压力。

因为冬奥会全程都是闭环管理的。在冬奥闭环里，我们的活动范围就只是从IBC工作岗位到酒店，一两个月的兴奋劲过去之后，这样的生活就变得枯燥了。尤其是临近冬奥会开幕式的那几天，我们的工作强度很大，心理压力也随之增大。虽然我现在回头想想，好像觉得没什么，但是当时确实觉得很压抑。

在前期参与培训的时候，OBS的培训手册里面的一条要求让我印象深刻，即要求我们具备较强的抗压能力以及拥有同时处理多件事情的能力。直到我真正上岗，我才清晰地意识到这一点真的很重要，因为事实的确如此。我们一方面要同时接收很多信息，另一方面要在一个全英文沟通的环境中一边做翻译，一边兼顾其他工作，压力是可想而知的。

除了抗压能力，我们还要具备强大的沟通能力，能够做好人际工作。因为我们的工作环境非常多元化、国际化，甚至相当于是在一个"小联合国"里工作，这就要求我们一定要做一个包容的人，而不能做一个狭隘的人、有偏见的人。这一点，在OBS的工作守则上也写得很清楚：你的工作场合是冬奥会，那么你就要具备奥林匹克精神。"OBS拒绝一切的歧视、偏见以及排斥。"对于这一点我非常认可，并且我也觉得，在践行奥林匹克精神方面，我也确实是身体力行的。当你以一种非常包容、开放的心态去和所有人打交道的时候，你一定能交到不少的朋友、学习到很多的知识。我觉得不仅仅是OBS，这是在任何一个国际化的工作岗位上都应该具备的能力。

感到一种真实的凝聚感

IBC的主要职责是制作电视源信号，让世界各地的观众都能够看到精彩的比赛内容。所有参与冬奥会的媒体人员，不管是文字记者还是电视台的工作人员，包括我们的主转播商，大家都在IBC这栋楼里面一起工作。

IBC主要的工作区域有两层。第一层主要驻扎着常见的持权转播商，比如中国的CMG（China Media Group，中央广播电视总台）、美国的NBC（National Broadcasting Company，全国广播公司）、日本的NHK（Nippon Hōsō Kyōkai，日本广播协会）及其他的来自世界各地的电视台。这些持权转播商把想要播送的电视信号转送到各个电视台，是冬奥会前方信号的调度分发枢纽。第二层也有一些持权转播商，如BBC（British Broadcasting Corporation，英国广播公司）、Euro Sports（欧洲体育）及一些来自其他欧洲国家的电视台。除此之外，就是主转播商OBS了。特别要提到的是，在第一层也有我们的一个制作区域，那里有一个非常高科技的全玻璃的幕布，它是由我们的技术人员专门负责的。那里真的很酷，在那里能非常清晰地看到各大导演是怎么对各个电视信号进行转播操作的，包括冬奥会各个场馆的内部电视闭路的画面。

IBC的总体建筑规模很大，因为它承担了一个信号转运站的功能。IBC对冬奥会来说很重要，尤其是在疫情期间举办的这届冬奥会，如果没有电视画面的转播，那大家几乎都没有渠道观看这么多精彩的比赛了。IBC的工作人员很多，大家来自四面八方，人员组成也很复杂。有来自全世界各个电视台的记者，有我们OBS的工作人员，也有来自国际奥委会和北京冬奥组委的官员，甚至有许多慕名到IBC来买纪念品的人。

在IBC这样一个复杂、多元的环境中，我们要时刻牢记：自己是一名中国的大学生，代表的是中国人的形象，因为你可能不会猜到，正在和你说话的这个人是一个什么样的身份，他有可能是一位运动员，也有可能是某电视台的一位很有名的记者，甚至有可能是国际奥委会的人。

在IBC，我们可以随时看到各式各样的比赛，因为我们是主转播商，所有的画面都是我们拍的，所以大家不需要去看电视台的画面，也不用去看广告。一到IBC，我们的很多工作人员、技术人员做的第一件事情就是给所有办公室装上电视。"毕竟是主转播商，你怎么能不看比赛？"我们的镜头就一直架在赛场里面，想看哪个场馆就可以看到哪个场馆的画面，即使那个场馆里没有比赛，我们也能看到场馆的实时动态。所以，观看比赛几乎就是我们全天空闲时间的娱乐。所以，在IBC工作的我们获得了很好的观赛体验，大家几乎是把所有喜欢看的比赛都看了一遍。

公司很注重大家的观赛体验，公司会在空闲的时候，要求大家好好放松。比如在开、闭幕式这种重要的时刻，我们这些不能到鸟巢现场观看的员工就会开启IBC一楼最大的那块屏幕，观看开、闭幕式，主管还给大家买来披萨、啤酒，我们边吃披萨、喝啤酒，边看比赛。在那一刻，与来自世界各地的同事、朋友坐在一起，是一件非常温暖、非常具有奥林匹克精神的事情。我们为了同一场比赛加油，为了同一场盛会奋斗，我们从中感到一种真实的凝聚力。这是一份非常美好的回忆。

善解人意的主管老师

我们团队中的每个人都很友善，大家会互相帮助，尤其会关照我们这些年龄比较小的学生。我很感激我遇到的每一位老师、同事、朋友，因为不管我在哪个部门工作，不管我跟谁一起工作，他们都会为我提供很多帮助。有件事我记得很清楚，那是一个同事过生日，我们专门抽出休息时间，一起为他庆祝。我们主管还专门订了一个蛋糕，在大家表达完自己的祝福正要切蛋糕的时候，我的主管走过来搂着我问："一敏你怎么了？我感觉你好像不太开心。你有什么不开心的事一定要跟我说。"我当时其实都没有意识到我有什么不开心的表现，因为我觉得那天其实真的就是很平常的一天，也没有发生什么特别难过的事情。只是那一阵情绪比较低落，处于情绪上的一种低谷期而已，但是主管却能察觉出我的情绪波动，让我非常感动。我觉得主管对我的帮助真的很大，她跟我们说得最多的一句话是："你们在工作的时候，开心一定是最重要的，不能让自己情绪低落，如果有什么事情一定要来跟我们沟通，千万不要自己憋着。"

主管很注重我们在工作中的体验，不想让我们觉得不开心，工作之余，她会来我们这做调查，对我们说："你们要是闲了，想看什么比赛，我们可以安排车。如果不工作或者你今天休息，你就去看你想看的比赛。"所以我觉得在情绪疏导方面，我们的主管们做得特别好，因为他们见过很多跟我们同龄的同事，大家都是我们这个阶段的大学生,都有这种心理崩溃的时候。他们对待我们真的是非常用心的,在一些细节上让我非常感动。

因为我个人很喜欢冰球和跳台滑雪,我就跟主管上报很想看这两个比赛。没有想到的是,主管真的给我挑了一个工作的空闲,送我去国家体育馆看了冰球比赛。我那天看了三场冰球比赛,真的可以说是从早看到晚,对一个冰球迷来说,算是过足了瘾。晚上的最后一场是中国男冰队对阵加拿大男冰队,因为是中国队的主场,观众很多。虽然最终,面对加拿大这支很强的冰球队,中国队告负,但是作为一个中国观众,能在国家体育馆那样的观赛氛围里观看比赛还是非常令人激动的。我觉得作为一个冰球爱好者,能够体验到这种感觉确实是挺难得的,一方面,能看到中国国家男子冰球队的表现,另一方面,能看到一个世界级的顶尖强队的水平,观看这样一场比赛真的也能学习到不少东西。那场比赛对我来说印象非常深刻,也疏解了我当时的很多不好的情绪。

我在冬奥会期间看了冰球、冰壶和跳台滑雪的多场比赛,但印象最深刻的还是中国国家男子冰球队对阵加拿大国家男子冰球队的比赛。关于这场比赛,我能够体味出的东西很多。首先,加拿大队的表现真的让我看到了世界冰球传统强队的优秀。其次,我开始对中国冰球产生了强烈的期待。当你在现场看完这场比赛之后,你也确实能够真切感受到中国男冰的努力、感受到他们的付出、感受到他们的拼搏。我们都衷心地希望他们能在冰球这条路上走得更远更好,希望这项运动能在中国有更光明的未来,也祈愿在未来的世界冰球强队里能看到中国队的身影。

触动人心的观赛体验

除了冰球比赛，我还在现场观看了冬奥会闭幕式以及冬残奥会开幕式的彩排和冬残奥会的闭幕式。冬奥会的闭幕式很打动我，整个仪式的呈现笼罩在一个非常柔和的氛围里，这跟开幕式那种激昂的感觉是完全不一样的，当你置身现场，看到那片巨大的"雪花"缓缓转动，最后熄灭、飘落下来的时候，你就会感觉到一阵伤感，好像真的要说"再见"了。虽然我知道我还会在冬残奥会期间继续这份服务工作，但是看到整个场地的舞美灯光和现场所有的气氛配合起来的时候，那种沉浸式的感觉便成功勾起这些天内心深处的一些情绪，让我非常难受。毕竟在冬奥会工作了这么久，我们确实对每一场比赛、对每一个场馆、对身边的每一个人或者说对奥林匹克产生了很深的感情，所以那种不舍是非常真实的。看到圣火熄灭那一刻，情感还是蛮复杂的。一方面，一场4年一届的冬奥盛会真的就这样落下帷幕了，另一方面，也会觉得自己这么久的辛苦真的没有白费，有一种发自内心的成就感。

我想特别分享一下我现场观看冬残奥会闭幕式的感受。我觉得冬残奥会闭幕式跟冬奥会闭幕式有一种明显不一样的气质。我理解的残奥精神就是那种你明知你在身体上不可为，但是你的精神还是提醒你要去做的"倔强"。我觉得，在冬残奥会闭幕式真的是体现了这样一种"倔强"，也就是人类要去跟自己的命运做抗争的一种精神。所以我个人觉得，相对于冬奥会闭幕式上悲情的告别，更打动人的是冬残奥会开幕式、闭幕式上给人们传递的这样一种不息的抗争精神。

我认为，人类之所以能够走到奥林匹克的圣坛上，我们之所以能接触到神的火种，就是因为我们有这样一份抗争精神。我们知道即使我们是不完整的，但是我们还是努力地去创造奇迹。我觉得这就是整场冬残奥会两个仪式想传达的一个核心理念，这个理念在闭幕式上总结得还是非常好的，真的挺有意义的。

◎ 孙一敏在北京冬残奥会闭幕式现场留影

与巴赫先生偶遇

在冬奥会和冬残奥会期间，遇到的很多人都让我难忘，其中最难忘的应该就是国际奥委会主席巴赫先生了。北京冬奥会开幕前夕，巴赫先生刚刚抵达北京，那天他的日程安排之一就是去参观IBC。当时是OBS的总裁伊阿尼斯先生陪同他一起参观。那天我是早班，中午，我准备坐班车回酒店，刚好撞见巴赫先生和伊阿尼斯先生一起进来。开始我没认出巴赫先生，因为他本人的形象和电视画面上的形象还真的是挺不一样的。他穿着一身很干净的西装，很精神、很利落、很朴素。我是看见他旁边有一众随行记者和摄像，才猜测出来，这可能就是今天来参观IBC的巴赫先生。当巴赫先生参观到IBC的主场厅的时候，周围的人越聚越多，很多人开始走近与他拍照。巴赫先生都和蔼地笑着，尽量满足大家的合影请求，我被巴赫先生的气度和风采深深地打动了，巴赫先生真的是一位令人尊敬的人。

最淳朴的共鸣和理解

闭环的日常生活真的很枯燥。但是当你完全克服导致你抑郁的那个情绪点，你就会慢慢适应这种生活了。每天早上吃完早饭，我们就要按照IBC的日程安排去上班，工作结束之后，又坐着通勤班车回来，两点一线。我们每上六天班休息一天。因为我们的通行权限比较大，甚至可以说是"all access"，所以在休息的时候，我们能够观看任何感兴趣的比赛，这也算是我们OBS主转播商的一个特权。

因为疫情，大家都在闭环管理之下，但在这样的特殊环境里，反而让我们觉得，蕴含在奥林匹克精神中的那种强大的人文力量，在疫情中显得更加熠熠生辉了。尽管我们来自世界各地，但是我们所有人的目标都是办好冬奥会，大家相互支撑着，度过这段艰难却美好的时期。当我们离别的时候，大家都在祝福彼此，愿你我前路上能拥有更美好的未来。我觉得有这些就够了，这些情感和精神寄托足以弥补闭环管理所带来的遗憾。

我在服务冬奥会的过程中提炼出了一种自己的工作方法和工作态度。其实很简单，就是你一定要有一个积极的心态、要乐于去和其他人合作，并且你要始终相信自己是在做有意义的事。我认为，如果你用心地、认真地去对待这件事，在最后这个工作收尾的时候，你一定会得到不一样的人生收获。拿我自己来举例，我在一开始上岗的时候，就给自己设定了一个明确的目标：我不能拒绝去做任何事情，哪怕是扫地、倒垃圾这样的小事，我也应该把它做好。而且在服务冬奥会期间，我也确实是这么做的，我觉得我没有辜负自己。我的细心和认真得到了所有主管、同事的认可，大家都觉得我是一个认真工作的人。

我觉得冬奥会给我最宝贵的礼物，就是这一群来自天南海北的朋友。直到现在，我还跟我的很多位主管老师保持着密切友好的联系。我觉得有这些老师、有这些朋友是很幸福的。冬奥会期间，有一个瞬间让我非常非常感动。

那是我和一位巴西的同事的告别。他叫 Rodrigo，整个冬奥会期间我们在一起工作。跟他说再见的那一刻，我感觉到了一种前所未有的、非常复杂的情绪，因为他是我们整个团队第一个和我们告别的同事。他结束工作的前一天晚上，我想，假如我不抽出时间去找他留影，我一定会后悔的。所以当时我就跟自己说，一定要好好地去跟他拥抱告别，一定要跟他说一句"希望我们下一次再见"。我记得特别清楚，当我去找他合照的时候，他已经把他桌子上的东西都收拾干净，准备离开了。我就跟他说："我能跟你合照一张照片吗？你要走了，我想来跟你告别。"然后他说，"当然可以"。拍完合影后，我们拥抱了很长一段时间。我的脑子里闪过了这些天所共同经历的日日夜夜，那一刻真的很不舍。因为我们真的一起经历了很多事情，一起顶住了很多压力，一起分享了很多快乐。真挚的感情是任何东西都没有办法替代的。长长的拥抱之后，我们也说了很多平时没有跟彼此说过的感谢和祝福。然后我看到，他的眼圈渐渐红了。那一刻我感觉到，虽然我们来自地球的两端，但是此刻我们的心连在一起。

人类团结之火的燃烧从未停止

2022年北京冬奥会结束之后，北京成为世界上唯一的双奥之城。北京冬奥会是一场基于和平、友爱、包容和合作最终连接全世界的一届冰雪盛会。我作为在OBS这个国际组织中参与这场冰雪盛会的一分子，经过几个月的工作，也确实对奥林匹克精神有了更深刻的理解。从2008年到2022年，北京能够成为一座双奥之城，恰恰证明着我们中国人追求奥林匹克精神的步伐从来没有停止过，同时，这样一场全世界共同参与的盛会也证明着全人类团结之火的熊熊燃烧。

奥林匹克精神总是希望人类变得更好。不管是以更好的身份，还是以更好的面貌，我们每个人都在用一个更好的状态再次去创造一代人美好的记忆、记录一代人美好的记忆、延续一代人美好的记忆。所以人们往往都认为，圣火是一个伟大的精神象征。人类的发展正如奥林匹克圣火一样，是生生不息的。正是因为有了奥林匹克精神，有了和平、理解和包容，我们人类才会有美好的未来。

我对巴赫先生在冬奥会闭幕式上的致辞印象特别深，还把它非常郑重地写在了我的工作日志中。他致辞的大意是：你们相互尊重、相互支持，相互拥抱，即使你们的国家因为冲突而分裂，你们也克服了这些分歧,证明在奥林匹克大家庭中,我们都是平等的。不管我们长什么样,我们来自哪里,我们信仰什么,奥林匹克运动会的凝聚力,比分裂我们的力量更强大。这就是奥运的意义。2022年对我来说绝对是难忘的一年。在OBS工作的这段时间,在我和来自世界各地的同事们相处的过程中,我真切地感受到了奥林匹克精神与人类文明的共鸣。这场冬奥会教会了我很多,它给予我的不仅仅是物质上的满足,更多的是精神的收获。

比起人与人、种族与种族、国家与国家之间的不同,在这次经历中我感受到更多的是我们之间的"相同"。团结、奋进、热爱、和谐、友善……这些都是共同流淌在人类精神中的美好事物。尽管会有差异和隔阂,但是我们每个人都在努力地理解对方、尊重对方。这是冬奥会最打动我的地方,是我亲眼看到的奥林匹克精神。

◎ 孙一敏在国家体育馆观看冰球比赛

最后我想说，我很感谢这次北京冬奥会，因为它在某种程度上净化了我的心灵。它把奥林匹克精神中具有人文关怀的部分传递给了我，这将是伴随我一辈子的财富，我也会带着这份宝贵的精神财富走向未来。希望将来的我能有更多机会，把这份精神传递给更多的人、带到世界不同的地方去。我相信在奥林匹克精神的指引下，人类必将迎来更加美好光明的一天。

那一抹最美的天霁蓝

——赵琪儿服务北京冬奥会口述实录

口　　述：赵琪儿　2020级　新闻学专业
服务岗位：北京赛区国家体育馆媒体运行领域摄影助理
整　　理：庄天乙　2020级　新闻学专业

个人简介：

赵琪儿，北京体育大学新闻与传播学院2020级新闻学专业本科生，2022年1—3月在国家体育馆担任北京冬奥会及冬残奥会媒体运行领域专业志愿者（北京赛区国家体育馆媒体运行领域摄影助理）。

岗位介绍：

国家体育馆媒体运行领域摄影助理，主要参与国家体育馆所承办的冬奥会和冬残奥会冰球比赛注册摄影记者的服务工作。服务位置包括场馆看台的五个摄影点位、摄影工作间、竞赛场地入口、媒体验证点、训练馆等，工作内容包括为摄影记者更换进入竞赛场地的袖标、储物柜登记、赛程白板更新、点位路线的引导等。

用心为场馆增添一抹亮色

我是来自北京体育大学新闻与传播学院的本科生。经过前期的选拔和培训，我很幸运地成为一名北京冬奥会和冬残奥会国家体育馆的媒体运行领域志愿者。在冬奥会和冬残奥会期间，我的主要工作是服务摄影记者。进入闭环前，我们所有的冬奥会志愿者都在线上进行了针对所有领域的通识性培训。在线下，我和同领域的志愿者伙伴又经历了由主管经理进行的专业领域工作内容的培训和指导。

我们每天都会遇到来自不同国家、不同媒体的众多摄影记者。根据安排，我们每天都会轮换工作位置，所以我可能会出现在看台上的各个摄影位置、工作间、竞赛场地入口或是训练馆。每天早上签到后，我要做的第一件事，就是对当天负责的摄影位置进行擦拭消毒。志愿者的工作间配备了非常多的防疫设备和防护用具，只有经过了严格的擦拭消毒，才能保证每个摄影点位的正常使用。

国家体育馆承担了冬奥会和冬残奥会冰球项目的比赛任务。冰球项目是冬奥会的传统大项，每天来这里报道赛况的摄影记者络绎不绝。每个比赛日，摄影记者会先到工作间更换袖标、领取储物柜，然后由志愿者引导他们准确到达各个摄影点位。有时候摄影记者为了达到好的拍摄效果，会在中场休息时更换拍摄点位，此时，不同点位的志愿者要做好联络工作，确保两个路线"接头"成功。当需要位置移动的时候，我们会立刻去联络摄影记者，然后按照流线引导记者，确保他们能够正确到达摄影点位，不走错路、不破闭环、不多绕圈。其实去各个点位的路线是比较复杂的。因为我知道自己的方向感比较差，所以在上岗之前，我特意把每一条路线都走了好几遍，争取把它们牢牢记在脑子里。

在工作的过程中确实会遇到一些小困难。比如，我们面对的摄影记者百分之八九十都是外国记者，所以说我们基本上都是用英语交流的。但是也会有一些非英语国家的记者，因为口音问题或语速过快的问题，造成交流困难。这种时候，我们就要借助一些肢体语言，或者是让他们写下来，以达到更好的沟通效果。

从2月3日到2月20日，冰球项目比赛日跨度大、时间长、工作量大、工作细节复杂。在国家体育馆，我们的工作时间分为早班和晚班，大家轮岗值班。比如说第一天是早班8个小时，第二天就是晚班8个小时。大家每天轮到的岗位位置由我们的主管老师安排，并不固定，比较随机。主管老师尽量保证我们能够体验到各个岗位的工作，所以包括工作间、FOP入口、各个摄影位置、训练馆以及媒体验证点等岗位我们都有可能轮到。

我们岗位上的就餐方式也是轮岗就餐。当工作间有两到三名志愿者值班的时候，其中一名志愿者就可以去用餐，而另外一到两个人将继续在岗，或者到其他摄影位置替代其他志愿者值班。当没有比赛的时候，摄影位置的人可以短暂离岗用餐。就餐完毕后我们需要立刻返回岗位。大家彼此替岗，这样才能确保每个时间段、每个岗位上都有人在岗。

除此之外，当轮班在工作间时，我和我的伙伴们还会负责每日赛程白板的更新。我们会在工作间的白板上张贴每天接送记者的班车时刻表，并实时更新各竞赛场馆和训练场馆的赛程安排。为了增添白板的美观性和丰富性，我还别出心裁地在白板上绘制了一些带有冬奥元素的图案，并设计了一些特殊艺术字体。此举还得到了领域主管、经理和众多摄影记者的赞许。

◎ 赵琪儿在更新工作间白板上的比赛日程

冬奥会与中国年的相遇，是本届北京冬奥会的特别之处。作为东道国，我觉得要展现出我们的大方好客，也可以借此机会从一些细节上向世界展示中国元素、中国文化。为了表现中国年文化、突出节日气氛，我和我的伙伴们还会在农历除夕、春节、元宵节这样的传统节日里，用特殊的中国元素更新工作室里的白板。比如在春节，我们会画一些灯笼、印章之类红色的元素，在元宵节，我们会画一碗元宵等，工作间的记者过来查看白板上的信息时都会注意到这些小心思。

有一件让我印象很深刻的事。那天我正在画板报，有一位来自美联社的短发女记者就站在一旁，一直看着我。我问："您有什么需要帮助的吗？"她笑着说："没事，你画得很漂亮。我只是想看你把它画完。"那一瞬间我是很高兴的。还有记者会在白板前停留很长一段时间，惊讶地问："这是你画出来的吗？"然后对我说:"酷!"我觉得这是一个很好的方式,因为这样能够把一些中国元素在细节上展现出来,为我们的志愿服务加分,为整个场馆的文化展示加分。我特别高兴能以自己的绵薄之力为工作间增添一抹亮色。

每个人都流下了激动的泪水

其实,正式来到国家体育馆参与冬奥会志愿服务之前,我并不是冰球球迷,对一些复杂的冰球规则也并不了解。但是我觉得,任何的竞技体育项目都在等待着你去爱上它。当你真正接触这个项目之后,你会发现它非常迷人、非常有吸引力,冰球也是这样。

2021年11月,我以志愿者的身份参加了"相约北京"冰球测试赛,在志愿服务之余,我有幸目睹了测试赛的大部分过程。冰球比赛对抗,乃至清扫冰面的雪车、雪童,对于我来说都是新鲜的视觉体验。当时正是我们国内高校的冰球队伍在进行训练练习、打比赛。虽然和真正冬奥赛场上的比赛相距甚远,但那是我第一次近距离现场观看冰球比赛。在现场直接观看冰球比赛对我的触动是非常大的,在现场体会到的是隔着屏幕完全感觉不到的那种冲击力。通过电视和网络信号观看比赛时,画面上显示的冰球可能只有小小的一个黑点,加上运动员高速的击球和争抢,有些观众甚至可能找不到球在哪里。而在现场,你能感觉到那种扑面而来的速度和碰撞——特别是冬奥赛场上,每支队伍背后代表的都是国家的荣誉,使得每场比赛的对抗都越发精彩。对于像我这种完全没有接触过冰球的人来说,这是一种最直观的、触动心灵的震撼。

有一场冬残奥会的冰球比赛令我印象非常深刻。当时我正好是在一个比较特殊的摄影位置上，两边分别是捷克队和斯洛伐克队的观众，其中还有两个国家的冬奥运动员，而在看台上的无障碍区域还有许多在其他场馆参与其他冬残奥项目的运动员。开始的时候，两个队伍的观众自发划出一条泾渭分明的线，他们身穿各自的球衣，把各自的国旗展开铺在看台上。但是过了一会儿两个国家的女队员开始攀谈起来，而且聊得特别开心。当时场上出现了两个国家的观众一起呐喊、一起为队员们加油的情形。捷克队和斯洛伐克队的观众都会同时做出一个非常招牌的欢呼动作，大概的样子是双臂举到头顶，甩一下然后大声喝彩。他们会不同频率地挥舞手臂，从下往上形成一个波浪般的形状，算是一种独特的赛事文化。当时的场面真的很令人动容——有友情，又有竞争，和谐但不单调，这就是奥林匹克赛场上会出现的动人瞬间。

特别值得一提的是，我还有幸在现场见证了中国国家男子冰球队、中国残奥冰球队的每一场比赛。我们的运动员真的都非常拼，有血性、有韧性。每一场比赛我们的运动员都有非常不俗的表现。不论面对多么强大的对手，他们完全没有退缩。你看他们在赛场上拼杀，看到那些令人动容的场面，看到那种凝聚力和拼搏精神，你会立刻明白，这就是竞技体育的魅力所在。

2月12日，男子冰球小组赛，中国队虽以2∶3的比分憾负德国队，但却创造了中国男冰在冬奥赛场上新的历史。比赛第二节末段福帅挑射破门，完成了中国男冰冬奥会参赛历史上的首个进球。当时我和3个志愿者朋友都在摄影位置注视着赛场上的瞬息万变。每一次射门、每一次进攻都在牵动着所有人的心。福帅打进历史性进球的那一刻，我们4个人尖叫着，紧紧地抱在了一起。比赛结束之后，场馆内响起了Beyond乐队的《海阔天空》。在那个氛围里，我们每个人都流下了激动的泪水。

在回酒店的班车上，我实在按捺不住激动的心情，通过微博给中国男冰的进球功臣王泰勒和福帅发了私信："我是国家体育馆的一名志愿者，在现场看了你们的每一场比赛，你们真的很了不起！中国男冰精神感动了我们每一个人，你们让很多人都知道了冰球这项运动！"令我感到十分惊喜的是，这样一条私信竟然真的收到了两位运动员的回复。5天后，王泰勒和福帅在微博上给我回复道："谢谢你！加油！"并配上了几个大拇指的表情。

2月13日，中国男冰2：7不敌加拿大男冰，遗憾结束了北京冬奥之旅。恰巧当天我在竞赛场地的出入口处值班，离场的时候他们经过我的面前。此时周围的志愿者和全场的观众都在给他们鼓掌，都在说："中国队，你们是好样的！"那个场面真的非常有感染力、非常温暖。

经过了志愿培训和一场场比赛的观摩，我渐渐对冰球产生了浓厚的兴趣，也对冰球有了越来越深入的了解。相比传统的欧美劲旅，我们国家的冰球运动起步较晚，还有一定的差距，但我们的运动员面对每一场比赛都拼尽全力，并且我们已经实现了"打开冬奥冰球进球账户"这个目标，也确实让更多国人开始关注冰球这个项目了。

在国家体育馆，每逢有中国队出场的比赛日，看台席上都坐满了观众，大家摇着五星红旗，呐喊声回荡在整个赛场。其实很多观众此前也是完全没有接触过冰球的。但我相信，当你坐在看台席上，看到运动员在拼尽全力争抢、进攻，看到他们在为国"争战"，而周围的万千观众和你一起摇旗呐喊时，那一定是一种扣人心弦的感觉，而置身在那种氛围当中的你，一定是非常热血的，也是一定非常容易被打动的。

2022年3月12日晚，北京冬残奥会冰球三四名决赛落下帷幕。中国残奥冰球队虽然是第一次征战冬残奥会，但他们顶住了压力，以4∶0的比分战胜了当年平昌冬残奥会第三名的韩国队，以一枚铜牌的成绩为中国残奥冰球队的首次奥运之旅画上了圆满的句号。我和我的志愿者伙伴们都去观看了颁奖典礼，大家围在FOP外面，隔着玻璃板给他们鼓掌、向他们致意，为他们送上发自内心的祝贺。可爱的运动员们还捧着花，朝我们摆pose，对我们竖起大拇指。

◎ 冬残奥会期间赵琪儿在工作间

冬残奥会的时候，我们有时会轮班在训练馆。运动员上下班车的时候，我们跟运动员离得其实是非常近的。但为了不打扰到他们，我们都会保持距离。他们坐班车走的时候，我们就在班车外朝他们挥手、跟他们告别、给他们加油鼓励。见证了中国队一场场精彩的比赛和一次次胜利，我产生了一种很强烈的"躬逢其盛、与有荣焉"的自豪感。

度过一个最特殊的春节

除夕那天，首都北京奥林匹克场馆流光溢彩，正敞开怀抱迎接来自世界各地的客人。尽管"每逢佳节倍思亲"，但许多人仍在这片流光溢彩中忙碌着。因为对于我们来说，4天后开幕的北京冬奥会是更重要的事情。在志愿者驻地，我和其他志愿者朋友在一个难忘的夜晚中度过了除夕。对于我们很多人来说，都是第一次在外度过春节，但我们没有想到的是，这个除夕之夜，隐藏了许多暖心的惊喜。

农历除夕当天下午，志愿者之家举办了新春联欢晚会。场地被精心布置，年味满满。我有幸被领域主管派去了志愿者之家，作为领域代表参加了这次活动。大家一起做游戏，现场的屏幕里面播放的是环外志愿者的画面，整个联欢活动就是这种环内、环外志愿者线上和线下的互动。环内和环外的志愿者通过大屏幕玩起了"你画我猜"，题目和答案都与冬奥会的一些比赛项目相关。我还通过玩游戏拿了一个三等奖，奖品是一只布艺的小老虎。

虽然各个领域的志愿者工作在不同位置，平时并不见面也并不相熟，但那天下午整个屋子里的氛围很活跃、很热闹。有一个意外惊喜令我印象深刻，在连线环节，场馆竟然连线了一位志愿者的家人，我们看他们聊天，诉说着不能回家过年的思念。那一刻很感动，确实有一点想家了。最后我们大家还打着手机手电筒的光，和环外的志愿者一同唱起了《燃烧的雪花》。屏幕上还播放了不同领域志愿者的新年祝福。

联欢会后，我回到驻地酒店，又收到了许多来自驻地的新春祝福：窗花、福字、对联、纸灯笼。我们拼灯笼、贴窗花、贴对联、大扫除，并且很有仪式感地摆好了水果和小零食，虽然这是一个不能和家人团聚的新年，但我们都感受到了别样的温暖。

窗外正是万家灯火，此刻的志愿者驻地也显得格外温馨。天色渐暗，我们打开电视一起收看了春节联欢晚会，我们注意到，央视春节联欢晚会上，许多节目也都特意加入了奥林匹克的元素。我们驻地的每个楼层都有一块很大的白板，很多人都在白板上写下了自己的新年愿望。零点的时候，所有人都在群里发"新年快乐！"群里已经被大家的祝福"刷屏"了，这也是一种很新鲜、很浓的年味吧。因为觉得很温馨，我当时还特意录了屏。为了讨个彩头，我们领域的经理还在工作群里给我们发了红包。

我们能感觉到的是，身边的每一个人都在尽力为自己和伙伴营造新春的氛围——尽管大家来自祖国各地、天南海北，但对于我们来说，此刻的驻地酒店就像自己的老家，热闹且幸福。因为有那么一大帮朋友，他和你在同一个岗位，大家一起工作、一起庆祝新年，这是一种以前没有过的特殊体验。

除夕之夜，我们收到了一封特殊的信，这封信来自我们的父母、亲人和朋友。当时确实是很意外、很感动，因为我们自己对此是完全不知情的，后来才了解到这个活动是学校给安排的。拆开那封信，看到落款是自己的父母的那一刻，真的是鼻头一酸，感觉眼泪马上就要夺眶而出了。

春节期间，我们同来自其他国家的摄影记者之间也发生了许多有趣的故事。我们看见每一位记者，无论是走进工作间的还是路上碰到的，都会跟他们道一声"Happy Chinese New Year"，他们也会给我们回应，他们可能还会用并不熟练的中文说"虎年快乐""过年好"呢。正月十五的时候，他们还会问我们元宵节是什么节日，并跟着我们互道"Happy Lantern Festival"。

关于没能和家人一起过年，说实话，遗憾肯定是有的。但对于我来说，能够成为冬奥会的一分子，参与到这项国际顶级赛事当中，这件事情给我带来的动力也一定程度上弥补了无法与亲人团聚的遗憾。能够参与冬奥会这样一个顶级的国际赛事，我特别开心，那种劲头盖过了大多数消极情绪。我的家人和朋友都很为我骄傲。冬奥会闭幕式那天，国际奥委会主席巴赫在致辞中提到感谢志愿者的时候，我的朋友还拍了电视画面，给我发消息，开玩笑说："你看，巴赫在感谢你诶！"

遇见奇妙的缘分和友谊

在奥林匹克大家庭里，换pin是一种具有奥运传统、富有奥运特色的交流方式。自1896年雅典奥运会起，参赛选手们就通过交换用以区分身份的圆纸牌，来向彼此传递美好的祝福。如今，由其演变来的交换徽章已成为奥林匹克文化的重要组成部分。

北京冬奥组委为我们精心准备了11个pin。这11个pin都是北京冬奥组委专门设计并分发给志愿者的，非常具有纪念意义。冬奥会开始后，我们就可以拿这些"志愿者定制款"的pin去跟运动员、教练员、工作人员、媒体记者等进行交换。

在我看来，换pin的乐趣其实更多的在于"交换"，而不是

"收集"。这项活动的意义在于传达结交朋友的心意，大家会和来自世界各地的外国友人互换精致的pin，像集邮一样，将这段难忘的冬奥之旅珍藏，换来的不仅是心仪的徽章，更是一次遇见、一份友情、一段与冬奥相连的难忘记忆。到最后我们每个人都可能会有那么一两个对自己来说意义特别不同的pin，它或者来自我的服务对象的馈赠，或者来自新认识的一个很投缘的朋友，又或者你在换到它的时候刚好赛场上产生一个很精彩的进球——它可能不是非常精致，但是足够特别。当你再看到它的时候，可能会勾起你一段很美好的回忆，我觉得这样就足够了。

在工作岗位上，我还结交了一位国际冰联的"朋友"。在一处摄影位置的上方有一个技术裁判席，裁判席上坐着几位来自国际冰联的技术裁判。我经常轮岗到那个位置上，每次见到他们都会主动跟他们打招呼。在局间暂停的时候，场馆的体育展示会放各种音乐，因为我比较好动，我就喜欢跟着音乐前后左右摇晃，刚好被上面国际冰联的一位白发技术裁判注意到了。他表现出特别高兴的样子，走过来跟我说："明天你来这里，我们两个可以一起跳舞。"

第二天他来到技术裁判席，非常珍重地给了我一个国际冰联的pin。比赛局间休息的时候，他下去了一趟，再次上来的时候，又送给了我另一个pin。音乐响起来的时候，他跟我一起跳舞。我很感动，因为这对我来说也是一份很新奇珍贵的记忆。在冬奥会即将结束的时候，我跟这位来自国际冰联的新"朋友"合了影。作为两枚徽章的"回礼"，我送给他一个小企鹅折纸。他很认真地端详了一阵，然后很开心地点头说，他非常喜欢。

闭环内的苦与乐

"闭环"是北京冬奥会在特殊时期为了疫情防控所采取的一种"气泡"式的赛事管理策略,也是国际奥委会和北京冬奥组委为了保证北京冬奥会安全顺利进行实施的一项举措。北京冬奥会闭环的整个大"气泡"是由许多小型的"气泡"组成的,在整个赛事运行期间,我们所有的环内人员都不能离开自己所在的小"气泡"。

◎ 赵琪儿在摄影记者工作间接待台

关于闭环管理带来的限制和遗憾,或许确实是有,但是我觉得都非常非常小。因为在闭环服务期间没办法出去,所以有时确实会感觉到一些压力和一些负面情绪。但是坚持到最后,当所有的工作都结束了,再回顾在闭环内的生活时,留下来的都是很美好的回忆。我觉得所有的事情可能都会有遗憾，重要的是当你亲身经历过一件事，它就会变成你的一部分。

在闭环内，我和伙伴们遇到了很多有趣而难忘的事情。3月8日是国际劳动妇女节。当天，我们所在的志愿者驻地给每位女生的房间分发了一朵花，而来到场馆，我们的工作间里也放了很大一束鲜花，我们把花分给工作间里的女记者，她们当时的反应是很惊喜的。有意思的是，一些外国的男记者表现出惊奇的表情，我们就笑着跟他们说，因为今天是国际劳动妇女节，所以这些花只送给我们的女记者。

在工作间隙和非比赛日，我和伙伴们可能会迎来一个个短暂的小假期。比如说大年初一，我们会有一天的假。大家轮班休息的时候，驻地还会组织一些志愿者的活动，比如开设一些体能小课程，或者志愿经历分享会，特殊节日还会组织小联欢。在闭环内，不论是我们的驻地还是比赛场馆，相关的软硬件设施都是非常完备的。有一件事情我印象比较深，当时有一位志愿者朋友，她的小脚趾受伤了，我们的驻地就立刻安排她去了医务室，那里有非常充足的医疗设备，经过仔细诊断后，医生给她做了手术。她术后恢复得非常好，并迅速回归了工作和生活。

在所有的志愿工作都完成之后，我们返回了驻地酒店，进行离开闭环之前的隔离。印象很深的是，那一段时间里我们经常会搞一些小联欢，有的朋友会去舞台上弹吉他，我们在下面用手机的手电筒给他"伴奏"，大家还会一起合唱歌曲。其实，那个时候已经开始不舍得分别了。

2022年3月13日，北京冬残奥会闭幕式在国家体育场（鸟巢）进行，我幸运地得到了一张参加闭幕式的请柬。当晚，我怀着激动的心情在鸟巢现场见证了冬残奥盛会的落幕。闭幕式的最后，雪花火炬台缓缓降下。在盲人演员用小提琴演奏的主题曲《雪花》伴奏下，我和全场观众一起注视着主火炬，直到它缓缓熄灭——微火印入大地，化作漫天雪花、漫天星光，洒向了北京的夜空。

时光流淌，记忆永存。在这样一届特殊的冬奥会里，所有人的记忆都伴随着闭幕式上那台巨大的唱片机的旋律而永久封存。令我感到荣幸的是，在这份记忆的角落里，有一个小小的，或许不那么起眼的片段。但正是这个小片段让我难忘——因为它是属于我和我的伙伴们的。

因为山就在那里

我常常提醒自己要自我反思，而且我觉得，自己工作和学习的优点之一正是善于反思。我心里唯一的想法就是把我自己应该做的工作做好、做完美。工作中每一处的小错误，都会让我感到很愧疚。我会在脑海中把这个事情记得非常清楚，并时刻提醒自己下次一定不要再犯同样的错误。

我一直认为，做志愿服务，热情主动很重要。当你看到一位扛着相机、左右张望的记者，那么他有可能就是需要帮助的。我们不会等他来问，而是会去主动找他，询问他需要什么样的帮助。引导要热情、耐心，只有这样才能完成好每一次服务任务。

作为北京体育大学新闻学专业的学生，这次宝贵的志愿服务经历也给了我一个近距离接触大型体育赛事媒体运行服务的机会。对于我来说，这片场地是学习体育传媒专业知识的最好课堂。从转播到摄像，每个区域都有非常严格的权限划分。转播有最大的优先权，他们会出现在竞赛场地周围、混采区和看台席上的很多关键位置；还有摄影记者，他们为了优先选择最佳拍摄点位，可能会提前两三个小时来工作间预定袖标……而我们作为普通学生，平时真的很难接触到这些最前方的东西。

在参与志愿服务的过程中，我遇见了很多优秀的体育媒体人，而正是这些优秀人才的身上闪烁着我梦想中自己的样子。在工作间的时候，有的摄影记者在整理他今天拍摄的照片，或者在修图，他们很乐意我们在旁边观摩学习，我们有的时候还会"不自量力"地跟他们讨论一下，他们也会很有兴趣、很有耐心地给我们解答，会给我们讲一些相关的技术知识，甚至允许我们使用他们的照相机拍照。

当时有位外国记者特别热衷于学中文，他就一直对着白板跟我们讲中文、跟经理学习中文，还教其他的记者说中文。回忆与外国友人交流、进行志愿服务的过程，我其实也反思了很多。如果可以重来一遍的话，我希望自己能够更熟练地完成一些工作，我愿意再提高一下自己的能力，包括和别人交流等。总之，还是希望自己在处理事情方面能够更游刃有余一些。

经历了整个志愿服务的过程，我对大型体育赛事有了一个更加完整和直观的感受。我觉得，每个为冬奥会工作的人都是一颗小小的螺母，共同支撑着冬奥这个庞大机器的运转。大家都很辛苦，记者、技术人员、安保人员……他们都很值得尊敬。我非常庆幸能够拥有这样一个参与的机会。这里的每一个人都非常优秀，对于我来说，这是一个宝贵的提升眼界、自我丰富的过程。

我常常觉得自己是幸运的。我觉得如果没有遇上北京冬奥会的话，可能很难有这样的宝贵的机会。我觉得我要感谢所有在比赛中、在整个服务过程中遇到的人，要感谢学校给我们提供的平台，感谢能够被选择，从而参与到这个过程当中。

经过冬奥会的服务工作，我还意识到自己有很多需要提升的地方，还有很多要学习的知识、要攀登的高山。我很喜欢中国男冰队长叶劲光在微博上所引用的乔治·马洛里的一句话："因为山就在那里。"我觉得不只是冰球运动员，我们每一个人都在经历一个攀登探索的过程。前方有很多未知的东西，你要去勇敢地尝试、努力地争取，之后你才会登上那座山。那时你会看到完全不一样的风景。

值得珍藏一生的时光

正如北京冬奥会志愿者之歌《燃烧的雪花》所唱的那样："那一瞬间，雪映星空，漫天竞芳华。"在这个冬天，在首都北京，伴着闪耀的灯光和纷飞的雪花，我和我的朋友们经历了一段终生难忘的奥运故事。从2008年到2022年，当奥林匹克的光辉再次播撒到这片土地上时，我们切身感受到了无比的骄傲和幸福——因为我们有幸站在了五环旗下，成为那一抹美丽的"天霁蓝"。

从国家体育场（鸟巢）到各个比赛场馆，从驻地酒店到志愿者之家，几十个日日夜夜，我们从陌生到熟悉，从遇见到分离。我们在这里哭过、笑过、呐喊过、付出过……也正因为这样，这里已经成为我们难以割舍的地方。

临近分别时，主管老师和部门经理也一直在哭。我们跟他们抱了又抱，出了场馆还在拥抱，一步三回头的那种。大家都特别不愿意离别。最后我们还约好了以后有机会在一起吃饭、聚餐，因为我们已经在内心把这里当成了一个团体，一个家庭。我们的部门经理

Steve，他特别像位慈祥的老父亲，对我们说过最多的话是"Excellent"和"Good job"。冬奥结束的时候他要离开，由于一些因素，我们都没有来得及跟他郑重告别，这是比较遗憾的一件事。后来主管向我们回忆描述，Steve离开时也是老泪纵横。

◎ 赵琪儿在FOP入口服务

2月20日是冬奥会闭幕日，也是冰球项目的最后一个比赛日。在国家体育馆的工作间里，我们能够明显感到，气氛似乎变得轻松了下来，记者离开时都纷纷与志愿者道别。一位穿着红色卫衣的德国记者，平时总是沉默寡言，浑身散发着忧郁气质，但他也在最后一天离开时，与我们深情道别，真诚地表达了谢意。

那一刻，我忽然就觉得时间过得太快了，甚至没有来得及记住他们的脸。我们的相处是如此短暂，也许仅在每一次点头微笑致意间，在只言片语的致谢之间。可是何其有幸，我能拥有这样的机会，同如此杰出的领域佼佼者接触。这些或是年迈，或是壮年的人们：名叫Hommes的美国记者，总是忘记还钥匙，却实在、好脾气又开朗；经理Steve，从不吝惜对我们的鼓励和赞许，会担心我们受刁难和委屈帮我们出头；新华社的李老师，爽快地借给我们天价相机用来拍照……

2022年北京冬奥会已圆满落幕，我的冬奥之旅也画上了满载着回忆的句号。在工作日志的结尾，我忠实地记录下自己的感受：

我惊觉我似乎记得他们中许许多多的人了。我以为时间匆匆，却不想自己竟珍藏了这样多的回忆。这是我一生中不会再来的时光，而我已深爱这里。

和冬奥"一起向未来"

——徐若寒服务北京冬奥会口述实录

口　　述：徐若寒　2020级　体育人文社会学专业（体育新闻与传播方向）

服务岗位：张家口赛区山地转播中心转播协调岗

整　　理：靳珂萌　2020级　新闻学专业（体育赛事制作人才培养方向班）

个人简介：

徐若寒，北京体育大学2020级新闻与传播学院硕士研究生，2021年9月—2022年4月在张家口山地转播中心媒体运行部进行实习。喜欢拍照、旅行、读书，其视频作品曾登北京冬奥组委官网。

岗位介绍：

张家口赛区山地转播中心转播协调岗主要负责古杨树场馆群（国家跳台滑雪中心、国家越野滑雪中心、国家冬季两项中心）的转播协调工作、与OBS进行协调沟通工作、满足并帮助OBS解决转播综合区的需求和问题。

闪光灯和镜头后的"孤勇者"

我工作的地方是张家口山地转播中心,这是一个非竞赛类的场馆,也是本次冬奥会张家口赛区电视信号传输的中心枢纽。我在张家口赛区山地转播中心的岗位是转播协调岗,我的工作内容首先是古杨树场馆群的转播协调工作,其次就是与OBS进行协调沟通,满足并帮助OBS解决转播综合区的需求和问题。我个人认为在冬奥会中,转播协调的角色是非常重要的,不但需要非常专业的转播协调人员来对接OBS,而且需要非常专业的转播协调人员去协调、监督、反馈转播综合区的建设情况,这是一项非常繁杂的工作。

每一场大型体育赛事的运行都有奔赴在前方和后方的工作者来保障工作的顺利进行。而其中转播协调工作的重要性不言而喻,运动员努力的汗水、奋斗的身影以及获奖时的喜悦都会被摄影机记录下来,然后各国电视台的转播信号再通过山地转播中心的转播,汇聚网络后传送到世界各地的屏幕,以满足屏幕前满怀期待的观众的观看需求。为此,转播协调领域就需要在张家口各个赛区进行协调,保证转播信号能够高速、稳定地传输。这些包括转播协调领域的工作人员在内的非赛事场馆的工作人员都是幕后工作者,他们没有站在闪光灯和镜头下,因此每每看到他们奔走的背影,我都觉得他们是赛事中不可或缺的幕后英雄,是默默支撑冬奥赛事的"孤勇者"。

比如我所在场馆技术团队中的通信保障团队,在赛事传播方面做出了很大的贡献,我因为参与其中,比较熟悉和了解。在赛事中我们会提供每天24小时、一周7天的通信保障,确保赛事直播和场馆通信不出现一丝差错，每天的工作既繁复又零碎。虽然我们是场馆内最深处的那一批幕后人员，但当自己领域所协调的一些项目能够成功进行时，我们的心里也是充满了感动的，我觉得台前幕后都是无所谓的，因为我们都是在为冬奥做着一些自己力所能及的事情。

我们团队总共有4位工作者，只有我一位实习生，这是很幸运的一件事，因为有3位老师可以带我。3位老师是分管不同的场馆群的：何海洋老师负责云顶场馆群的转播协调工作，林山老师负责古杨树场馆群的转播协调工作，安燕枝老师负责颁奖广场的转播协调工作。作为实习生，老师们给我布置的任务主要集中在古杨树场馆群这边，一来是方便我工作地点的固定，二来是希望我配合林山老师更加深入地熟悉古杨树场馆群3个场馆的情况。紧急情况下，我也需要迅速从古杨树场馆群到云顶场馆群去支援。工作总体而言还是很开心的，因为能见到不同场馆转播综合区的建设，对于丰富自己的专业知识也有很大帮助。

在工作的时候遇到困难是很常见的，但我遇到的困难异常之多，很多时候会有种有苦还说不出来的感觉，印象最深刻的应该就是和OBS的制作团队一起开会了。OBS总共有5支制作团队来建设每个场馆的转播综合区，张家口这边对接的是第一制作团队和第三制作团队。在很多时候，我真的以为自己的身份就是一个监工，又或者是一个中间人，我之前是不太喜欢"转达"这种工作的，觉得这是一个吃力不讨好的差事，因为转达过程中很容易把信息弄错，而且一旦整个工作发生了错误又是自己的责任，但恰巧转播协调在场馆建设时期做的就是这样一个工作。最疲劳的时候应该就是看到自己手机微信上满是红点的未读消息了吧，既有OBS不断提出的新要求,又有业主(修建场馆的承包商)提出的新要求,还要把双方的信息进行二次处理,并准确无误地传递给对方,这真的太难了!尤其是与OBS这边又是英文交流,要把场馆实际的现状和业主的需求告诉OBS,同时又要把OBS提出的要求转达给业主,每一次转达都是一次信息的磨损,还会遭到双方不停地追问!现在回想起来也是很心酸,但是我的老师一直在鼓励我,还建议我多去尝试一些不同的处理方式来与对接人进行沟通。他们告诉我:不要总是被动地接收双方的信息,要化被动为主动,要主动去发现问题,处理问题。后来我真的每天工作前先去场馆看一下昨天的工作做得怎么样,自己检查一遍,觉得没问题后再进行转达。慢慢地,我适应了这样的一个流程,整个工作节奏也井然有序起来。

一般早上来到场馆之后,我的第一项工作就是到转播综合区进行例行检查,有一次刚巡检完,林山老师就接到俄罗斯电视台申告互联网专线不通的消息。这是一个突发事件,我们立即来到了位于山上电视演播厅的俄罗斯电视台。在进行了简单的交流后发现,他们的设备无法连接网络,但是我们自己用笔记本接上网线,设置好IP(互联网协议地址)和DNS(域名)后,是可以打开包括谷歌、YouTube等网页的。随后,在与俄罗斯电视台工作人员和他们在莫斯科的同事沟通确认后,我们确定网络没有问题,问题出在俄罗斯电视台的设备设置上。忙碌了一上午,才处理好俄罗斯电视台的"乌龙事件"。其实转播协调的存在就是要随时能够满足OBS的需求,协助OBS完成比赛的公共信号制作工作,不能忽略每一个细节。

还有一次,我有幸来到了国家跳台滑雪中心,并采访了国家跳台滑雪中心数据保障团队人员李延辉。他在张家口赛区男子团体大跳台比赛结束后说道:"这是国家跳台滑雪中心产生的最后一枚金牌,各国记者齐聚,场馆媒体中心座无虚席、摄影点位围满了忙碌的记者。网络压力巨大,但是我们的网络经受住了考验。"我还在他的口中了解到,数据专业的工作人员和志愿者承担了国家跳台滑雪中心"共享互联网"和"媒体+"等业务的保障,但是由于冬奥文字和摄影记者的业务需求与普通上网业务差别很大,而且赛事期间蜂拥而入的记者对网络吞吐量和并发处理能力也提出了不小的考验。所以要保障比赛期间网络运行正常,使下载速率和时延等都达到要求,我们赛前的技术配置和赛时的定期巡检必须得下十足的功夫,只有这样,才能确保设备的稳定运行。

"沉浸式"奥运体验

要说起2022年北京冬奥会备受关注的运动员,徐梦桃、谷爱凌、苏翊鸣一定是当之无愧了。我所服务的场馆是张家口山地转播中心,当然,作为转播协调团队的一员,我每天的工作是对接古杨树场馆群、云顶滑雪公园、颁奖广场的转播工作,虽然每天面对的是张家口的雪山,但也有幸被徐梦桃夺冠的瞬间感染到热血沸腾,也有幸见证谷爱凌自由式滑雪坡面障碍技巧摘银和苏翊鸣单板滑雪坡面障碍技巧摘银,这些现场给了我更多"沉浸式"的奥运体验。

我对2月14日晚结束的自由式滑雪女子空中技巧决赛印象尤为深刻,冬奥会"四朝元老"徐梦桃以108.61的高分夺得金牌,实现了中国自由式滑雪空中技巧队沉寂了16年的金牌梦!那也是中国体育代表团在云顶滑雪公园诞生的首金。当时身处赛场的我,无比的激动,更是无比的自豪!真的太激动了,太激动了!我是从什么时候开始关注徐梦桃的呢，应该是温哥华冬奥会，那时她是获得了第六名，但是到了索契冬奥会的时候，她就为中国队摘得一枚银牌，虽然后来平昌冬奥会她无缘决赛，但徐梦桃仍然是自由式滑雪女子空中技巧世界排名第一的选手！可能是有很多的共情吧，我们国家培养一名能够站上奥运赛场的运动员太不容易了！我曾在中学的时候看过徐梦桃的纪录片，讲的是徐梦桃在早年间就因为伤病做过几次大的手术，忍受了常人难以忍受的痛苦，钢钉被植入了腿中，大部分半月板已经碎片化，但是倔强的她不甘心离开赛场，通过手术和科学训练后，才重新回到了赛场。为此，她坚守了16年！

所以在现场，看到徐梦桃最后一跳落地的那一刻，我泪眼婆娑！在我身边的喝彩声真的太大了！我记得我激动得一直在掉泪！旁边的观众和工作人员也在落泪！那种神圣、荣耀、自豪，真的是任何感情都无法替代！有时候我真的累了就会想去看看徐梦桃的纪录片，去看看她的比赛！志存高远、满怀激情、努力拼搏、成就梦想，这是徐梦桃用赛场内外的表现教会我的。生活中时常会抱怨，但回头想想，我的这点小挫折又算什么呢？也许在未来前行的道路上还会有更多的曲折，但我相信只要付出努力就会有希望。人生最重要的不是胜利而是拼搏，胜利是被他人定义的，拼搏才是发自内心的。

在2月20日晚上八点，2022年北京冬奥会闭幕式在国家体育场举行，我有幸能够到现场观看，这也成了我在北京冬奥会中浓墨重彩的一笔。而中国体育代表团在本届冬奥会中取得了9金4银2铜的好成绩，也刷新了历届冬奥会的最好成绩。

"昔我往矣，杨柳依依。"冬奥会闭幕式中最令我难忘的要数《送别》了。"折柳寄情"是中国给全世界的浪漫，而这种浪漫在现场感受，也别有一番滋味。闭幕式上，演员手捧折柳向场地中央会聚，和全世界的人民依依惜别。我当时想到，相聚的时刻总是短暂的、充满不舍的，自己对于奥运会的憧憬、对于体育的热爱在这一刻更为强烈。2008年，北京第一次承办夏奥会，那时候全世界被一场耀眼的开幕式所惊艳！这么多年过去，再次回看，依旧震撼。我还记得那一年发生了很多事情，百年不遇的雪灾、汶川大地震、奥运圣火传递一路受阻……但中国运动员依然以傲人的成绩占据奖牌榜首位！这也给当年的中国，当年的北京注入了憧憬和希望，也让我们知道了什么叫作多难兴邦，什么叫作众志成城。转眼间14年过去了，我从一个涉世未深的小孩子成长为一名北京冬奥会的工作者，心里有说不出的感慨和激动。到现场参观北京冬奥会闭幕式也是我第一次踏足鸟巢，在这个承载着深远意义的场馆中，我会不由得想起2008年的那个夏天，想起北京奥运会带给我们的感动和力量。北京这座"双奥之城"最珍贵的便是拼搏过后、超越之余，收获的与世界人民的友谊，凡此种种，让人为之动容。这难得的相遇、珍贵的缘分，也使我更加珍惜，也让我更加坚信奥林匹克精神。

  当然冬奥的活动不只有现场观赛。我还有幸在环内乘坐了从太子城到清河站的高铁。因为北京冬奥会实行闭环管理，所以在闭环内，运动员、工作人员、媒体记者等需要在三个赛区之间进行转换。刚来到太子城高铁站真的有一种要"出环"的错觉！太子城高铁站的装饰也是一股浓浓的奥运味，冰墩墩和雪容融的装饰物随处可见。太子城高铁站为冬奥会和冬残奥会注册人员设立了专属通道，这条通道也沟通了北京赛区、延庆赛区、张家口赛区的工作人员、媒体人员、运动员，满足了他们的比赛及观赛需求。同时，这个区域也与外界进行了完全地隔离。

◎ 徐若寒在冬奥会闭幕式现场

  我们乘坐高铁前需要通过自己的注册卡在中国铁路12306网站的冬奥专区完成购票，当然这个票也是免费的！进入高铁站后我们刷注册卡就可以乘车了。列车和我们平时的列车也是一样的，但是人流量少了很多，列车上也有着浓郁的冬奥氛围，我还看到列车的电视上正在播放徐梦桃刚刚夺冠的视频。

  最令人意外的是窗外被积雪覆盖的风景，都说沿途风景美好，京礼高铁的美景真的是美不胜收！环内的生活摒弃了城市的拥堵和汽车的尾气，甚至还能在这样一个特殊的时期感受大自然的美妙。这条太子城到清河站的铁路，我愿称之为"奥运大道"，这条我坐过很多次让人心旷神怡的路线、细致入微的雪国路线，也带给了我更多的体验！

  有时生活上也会遇到一些小麻烦。我记得那是一天早晨吧，本来我已穿戴好工装准备乘坐八点的车出发去场馆，但七点五十分时，我突然发现自己的通行证被舍友拿错带走了。这个是很麻烦的，错带通行证或者不带通行证都是进不去场馆群的。因为每次进入场馆前，必须检查通行证。通行证就像是我们进入场馆的身份证一样，审核通过才允许进入，每个人的通行证也是自己独有的一个身份标志。虽然我还是按时上了车，但是很遗憾，上车不代表能够进场馆。我的舍友也一样。我只有带上她的通行证，到场馆门口与她交换了通行证才顺利进去了。对我来说，这也算是一个小教训吧。

其实来冬奥会做志愿工作之前，我和家里人还提前做了很多心理建设，学习了很多防疫知识。说起来，刚开始戴N95口罩是真的不习惯，觉得很紧、很勒，还在左耳磨出了茧子。我和朋友还开玩笑说："戴习惯N95后，再戴普通医用口罩轻松的就像没戴一样，还要摸一摸脸上确认是不是有戴口罩呢。"再后来，看着防疫工作有序进行，加上对环境和工作的适应，存在于心中的一点小小紧张也烟消云散了。《人民日报》里有一句话："北京冬奥会的疫情防控举措是中国抗疫成功经验的缩影，也是中国精神、中国力量的集中展现。"我觉得这句话也正是我想说的。

和来自天南海北的朋友相聚福地

开赛后，我的日常工作相较于赛前有了明显变化。从每天24小时的紧张忙碌到24小时待命随机工作，这随着开赛而增加的休息时间让我有些窃喜，由此我也认识了更多来自五湖四海的朋友。

有段时间打开很多社交媒体都是一些冬奥徽章的交换，而山地转播中心作为张家口转播的中心枢纽，每天都会有成百的外国媒体工作者来到这里,我也和世界各地的媒体记者交换了超多徽章,结识了许多朋友。pin是英文表达Olympic Pin的简称,是奥运会主办方、参赛代表队、各相关机构,还有赞助商推出的奥运徽章。换pin这一习俗还是从1896年雅典奥运会运动员们交换区分身份的圆纸牌开始的呢。我和大家一样也被这个小东西给深深吸引了,空余时间都在想从哪里能再换到几块自己没有的pin。说到换pin这件事,我要好好说一说我们的"换pin小分队"了。冬奥开赛前换pin潮流还没彻底开始,换pin还很简单。不管是国人之间还是同外国友人之间,一般只要为他们提供了帮助就可以得到一枚pin作为感谢。为此我认识了很多朋友,包括瑞士、德国、日本等国家的转播商工作人员。他们帮我纠正我的口语发音,我来教他们说汉语,介绍中国的风土人情和博大精深的饮食文化,他们都很感兴趣,尤其是对饺子感兴趣。OBS工作人员还提前准备了好多速冻饺子要在冬至吃呢。外国友人思考问题跟中国人有挺大差异的,我在向他们解释他们提到的汉语发音、节日风俗和中华美食问题的时候,自己也有很多新的理解和收获。

后来,随着冬奥会脚步越来越近,进驻场馆内的转播商、志愿者和工作人员也越来越多,换pin潮流兴起,换pin难度指数增加。我和我的好朋友们也组成了"换pin小分队"。最开始是我和我的同事——人称"范老师"一起合谋换pin,每天都在贪恋多种多样的冬奥徽章。随着冬奥工作的开展,我结识了更多小伙伴,并把他们也都拉入我们的换pin队伍中。

当时闭环内是通高铁的,高铁上也有很多的外国朋友往返北京和张家口,所以我最大的一次"收割"就是在高铁上。那时候我拿着我的pin在每个车厢进行询问,令我诧异的是,我的pin不到半个小时就换完了。大家真的很喜欢我手里的pin。我记得有一个pin是一个"福"字，我跟大家介绍，在中国，福字意味着幸福、美好、福气，结果真的有很多外国朋友抢着来交换这个"福"pin。另外我们的吉祥物"冰墩墩"也是外国朋友特别喜欢的。我交换到的都是他们电视台的专属pin，也很喜欢。

◎ 徐若寒戴着自己交换来的奥运徽章

我还总结了几个闭环里的徽章交换小技巧。一是在商店买到徽章交换的"原始资本"，提前几个月，我在特许商品店买到了很多自己喜欢的徽章，这些徽章也成为后来我作为交换的"原始资本"。

二是多收集冰墩墩徽章，有了这些冰墩墩徽章（尤其是在"一墩难求"时），就可以开始pin trading（徽章交易）了。真的完全不用担心冰墩墩徽章没有人愿意交换，外国媒体人员最喜欢的就是冰墩墩了。而且各国代表队、赞助商和大部分媒体都会制作专属徽章。三是平时多佩戴徽章，只要在挂绳上佩戴了徽章就随时有交换的可能，多佩戴几枚徽章交换概率会更大。四是加入徽章交换小分队，在山地转播中心，很多志愿者会组织沙龙一起来和外国朋友交换徽章，如果碰到徽章交换小分队就积极加入他们！

在自己所在的山地转播中心转播协调团队，我也结识了非常要好的朋友。余典和郭洋汐是我们转播协调团队中的两位志愿者，2名同学都来自中国传媒大学，余典是纯粹的工科生，但是骨子里却是一位体育人！她喜欢滑雪，"00后"的她一直抱怨小时候没能把滑雪坚持下去，不然现在也许也是一位国家级选手了！她很喜欢北体大，在我的引导下，她决定要考北京体育大学的研究生，还蛮骄傲滴！洋汐真的是我见过的最优秀的志愿者了，做事有条有序，有了她我们很多事情都没那么操心了，这可能和她担任学生会的干部有关系吧！她很喜欢喝奶茶，自从张家口赛区的喜茶开业后，洋汐永远是第一个冲向喜茶门店的人，不仅自己买，还给室友带呢。她们两个都是性格很好的女孩子！真心希望她们能在今后的人生道路上顺顺利利，实现自己的梦想！"行百里者半九十"，我真的很珍惜在这里的生活，以及在这里的朋友和老师！希望冬奥会结束后也能和大家在其他领域成为惺惺相惜的朋友！

有一次，我以朋友兼摄影师的身份受邀参与了中国联通山地转播中心通信保障团队室外"和冰墩墩跳舞"主题拍摄活动，并有幸可以见到并摸到"传说中"的冰墩墩玩偶。拍摄过程相当顺利。雪花飘洒着落满了每个人的头顶，听着呼啸的北风和大家的欢声笑语，我不禁感叹，大家平日多在"场馆—公交车—宿舍"这种密闭环境中工作和生活，心情难免有些压抑，今天因为这场大雪和寒风反而让大家平时比较压抑的心情得到了释放，激起了大家对雪、空气、户外活动的热情，光是雪仗就打了不下4次。是啊，我们在场的每个人都因为冬奥盛事而从天南海北聚集到崇礼这一福地，因为种种事情相识相知，成为朋友，我想这就是体育的魅力吧。

专业的附加值提供看奥运的新视角

其实我一直希望自己能"学以致用"，我的毕业论文也是关于冬奥会的。我很希望能够从这次亲身参与的大赛中获得更多的实际感悟。我不知道大家会不会有这种体会，就是每当我们看到一场令我们心潮澎湃的比赛或者是欣赏到一处令人流连忘返的美景时，很想去表达自己的心情以及当时的感悟，但又碍于自己的"懒"，只能先"尽收眼底"，随后再"妙笔生花"，其实我之前就是这样的——"眼大肚子小"，我可以说"眼大手小"吗？所以我一直希望自己能做一个能行走、能有感悟、能懂记录的人，"读万卷书，行万里路"，这终究是没错的。过去十几年，我们从书本上学到的知识不能仅仅是作为知识而存在，更应该作为一项工具帮助我们去理解社会生活中的各种现象。

体育新闻与传播是我的专业，来参加这场大型赛事是与自己专业融合、运用最强的一次。专业的附加值会让我从更加立体的角度去看比赛，以前看比赛可能更多的是图个乐呵，但是现在看比赛让我有了更多新的视角,这无疑和北体大的熏陶以及老师授予的专业知识是离不开的。

我觉得每场奥运盛事都是一个媒介奇观,媒体会有大量的专题报道,这些专题报道同时也是一次集中的媒介书写,塑造媒介记忆的同时,也在塑造集体记忆,通过勾连历史,展望未来,也在塑造民族的自主性和民族记忆。申办北京冬奥会或许也是中国人民聚合民众情感的一次机会,而北京冬奥会也确确实实唤醒了中国人民的民族记忆。

我记得中国滑雪运动员谷爱凌夺冠瞬间吸引了很多中外网友的目光,而女性在运动员这样的职业当中一直被认作是一个"特殊"的存在——当然,不是我们认为她特殊,因为女性运动员就是客观存在的,但就像我刚刚的表述一样——在讲男性运动员的时候前面却很少会出现"男性",女性似乎也总是年复一年地被关注。本届冬奥会也迎来了有史以来最多的女子项目,其中新增的女子项目为女子单人雪车和自由式滑雪女子大跳台。

在比赛中,谷爱凌最后一跳完成了自己之前未挑战过的"左侧身转体1620度安全抓板"动作,夺得冠军。她的成功激励了很多女性,让人们看到女性一样可以不断突破自我、挑战极限。她曾说:"体育提供了将观点截然不同的人民和国家团结起来的最大希望,因为体育可以对种族、性别、宗教和国籍视而不见,只是为了挑战人类的极限。"她希望以自己的力量鼓励更多女性参与到自由式滑雪中。这几年,她也用自己在滑雪运动中的精彩表现,让更多人感受到冰雪运动的魅力,让人们看到女性在体育运动中的无限可能。

作家乔安娜·拉斯在《如何抑止女性写作》中写道:"如果关

于前辈的记忆被埋葬,那么过去从未有过前辈的假设就会继续存在下去,每一代妇女都会相信自己承担着从头开始的负担。"我想说的是,作为一个女孩子我们不能限制自己、怀疑自己,要大胆地确定自己,做既能站在山脚仰望峦峰,又能站在高山俯视平原的女性!

在北京冬奥会开幕的第6天,来张家口奥运村下沉广场进行游览和体验的运动员也越来越多,那天,转播中心还接待了2021年滑雪世界杯总冠军、中国第一位冬奥男子单板滑雪银牌得主苏翊鸣。他来到中国联通体验中心展示厅进行参观,体验了5G和360度环拍技术。

提到技术我不得不说,正因为技术的存在,全方位展示着北京冬奥盛会的"科技范儿",才为观众带来极致的观感,为冬奥会创造了无限的可能。也是这一次冬奥会,被认为是百年奥运史上第一个真正意义上的"科技奥运"。以前我们观看比赛,清晰度可能就是一项障碍,但是现在我们不仅可以高清实时观看奥运健儿的一举一动,而且有了360度的自由视角观赛,真的是非常过瘾。另外我们国家的5G信号也在本次冬奥会中覆盖了所有场馆和连接场馆的道路,甚至京张高铁也有稳定、连续的5G信号。在闭环内的时候,我也去现场观看了不少比赛,但很多细节在现场是看不到的,而我们的电视大屏会将细节扩大化,让观众更好地去感受赛事。

对于我来说,近距离感受这些先进技术的应用也使我更好地获得了一手资料,认识了更加专业的技术团队,获得了更加专业的知识讲解。当然,先进技术的应用也为我(一名忠实的观众)提供了强大的视觉盛宴,这真的是一种独特的享受和体验。

和冬奥"一起向未来"

在闭环内,总有人也包括我自己在说"举办冬奥会对于中国来说有什么意义"。

奥运,不是一场简单的体育竞技比赛,也不是一场简单的全民狂欢,而是象征着人类坚韧不拔、拼搏向上的精神,象征着永恒不变的信念。这次有机会亲临现场参与冬奥会的服务工作,我深感荣幸。

其实体育对于我来说是一种情结般的存在。从小我就比较喜欢看体育赛事,喜欢看篮球、乒乓球,也喜欢冰上运动。印象深刻的应该是2010年的温哥华冬奥会了,那次中国队有庞清、佟健,也是他们的《追梦无悔》让我喜欢上了花样滑冰,用"翩若惊鸿,婉若游龙"来形容一点也不夸张,他们的这套节目现在回看依然会激动落泪。2010年温哥华冬奥会,中国花样滑冰双人滑包揽金、银牌,也就是从那时候开始,一代代中国花滑运动员如雨后春笋般涌现。那一年的冬奥会除了庞清、佟健的《追梦无悔》夺冠外,还有王濛蝉联女子短道速滑500米冠军,孤军奋战的周洋面对7名外国选手勇夺女子短道速滑1500米冠军,女子3000米接力也夺冠了。当然还有我很喜欢的美国单板滑雪运动员肖恩·怀特,在最后一轮比赛中他贡献了前空翻加后空翻加转体1260度的高难度动作!在他顺利落地的那一刻,他也成了单板滑雪历史上的标志,在我心目中他真的是世界上最好的单板滑雪运动员之一。2015年我们国家申报冬奥会成功后,我心生向往,真的很想能够亲身参与到我们国家举办的冬奥会中。可能也是因为这个原因吧,能够成为一名体育记者一直都是我的向往。

能够成为赛事实习生也是一种机缘。当时我们学院选拔北京冬奥会实习生，我毫不犹豫地报了名，报名、考核、筛选的过程比较顺利，当然我觉得更多的是激动，因为终于能够亲身参与祖国承办的这场国际型体育赛事，而且能够邂逅自己喜欢的冬奥运动员，真的很令人激动。

为了这次冬奥会我做了很多努力，我们在正式去场馆前做了很多的培训，因为要实地勘察赛事场馆，并且和相关负责人具体探讨图纸、建设等，涉及的知识会相对专业些。我记得在正式去张家口山地转播中心上岗之前，我和我的同学一起学习了转播的相关知识以及三个赛区所有场馆的转播综合区的建设现状，还对所在场馆转播综合区的图纸进行了深入的学习。当时很多转播综合区都在建设的过程中，甚至有的还没有建立起来，而我们是直接进入到场馆前线的，所以这项工作就显得非常重要。

我觉得转播综合区可以说是OBS进行转播、向世界各国人民呈现赛事的重要轴点，那我们的任务就是把这个轴点的"螺丝和其他零件"都安装牢固，这样才能为全球人民呈现高标准、高水平的国际赛事。我还在语言方面下了很大功夫，起码英语是必须掌握的，因为无论是对接OBS的工作人员，还是一些外国的工作人员，我们都是用英语进行交流的。但是我的英语真的是差得离谱，我记得当时领导让我翻译一些邮件，我都需要用很久的时间来查阅相关资料才能完成。我的领导对我还蛮严格的，每次我整理完资料之后他都会进行标注、批改，这对我英语能力的提升帮助很大。有时跟OBS工作人员进行会议的时候，他也总要求我去听，慢慢地我就发现很多内容自己可以听懂了，也能够更深入地和他们进行交流，解决一些场馆建设中遇到的问题了。

  而这次冬奥之旅对于我的影响是很大的。我觉得体育的力量是强大的，它让我变得更加开阔，能接纳更多人，对未来、对过去没有偏见，更让我对世界有了好奇，让我和冬奥"一起向未来"，激励我成为一个更加勇敢的人。

  2022年2月20日我在现场观看了冬奥会闭幕式，那一刻真的是难忘的。在现场，无数个画面从我脑海里闪过，赛事、运动员、老师、舍友、同事，我想，这就是体育的魅力吧，让天南海北的陌生人成为朋友，让志同道合的友人聚在一起，让每个人对世界有更多期待。这对于我来说是人生中最难忘的一次体验，我会永远记住在这里发生的一切。

  当然这次冬奥之旅也更让我明确了自己的热爱和追求，从2008年"同一个世界、同一个梦想"到2022年"一起向未来"，中国在积极参与奥林匹克运动，我也会继续积极地奔向我所热爱的体育事业！

冬奥逐梦观察记

——张婧娴服务北京冬奥会口述实录

口　　述：张婧娴　2019级　体育人文社会学专业（体育新闻与传播方向）
服务岗位：国家高山滑雪中心媒体运营部摄影主管
整　　理：徐若菲　2019级　新闻学专业

个人简介：

张婧娴，硕士毕业于北京体育大学新闻与传播学院，2022年北京冬奥会国家高山滑雪中心赛事实习生，任摄影主管。本科期间参与多次赛事转播，其中在江苏广播电视总台体育频道参加过中超、CBA比赛的实习工作。目前是江苏广播电视总台体育频道的一名体育记者。

岗位介绍：

媒体运营部摄影主管的主要工作内容为：协助摄影经理和副经理的工作，参与志愿者培训和管理；牵头管理摄影服务台、摄影储物柜及辅助通行物的发放和统计；协助管理FOP周边摄影位置；编写每日运行总结，汇总当日志愿者到岗及排班情况。

结缘体育，逐梦冬奥

我本科的专业就是体育新闻。选择这个专业是因为我的爸爸是一个体育迷，从小我们家里的电视只要开着，就一定在播央视体育频道的节目。正是从小到大生活的环境熏陶并影响了我，让我对体育新闻产生了浓厚的兴趣。在我本科毕业打算考研的时候，想到2022年我们国家将要举办北京冬奥会，就很希望自己能有机会参与到这个世界最高层次的体育盛会中，所以就坚定地报考了北京体育大学，并成功考上。我很庆幸自己当初的这个选择，能够让我有机会在2022年的时候实现我想要参与北京冬奥会的梦想。

2021年9月6日，我来到北京冬奥组委报到，那是我第一次正式开始冬奥会的工作。但其实在这之前还有个小插曲。我们学校的冬奥赛事实习项目原本是针对"20级"的一个项目，但巧合的是，"20级"有一个学妹因为个人原因临时退出了，所以我们辅导员就在微信群里问有没有同学对这个项目感兴趣。其实学院不打算让"19级"的同学参与这个项目，首先，学校的顾虑是2022年我们刚好面临毕业，会有找工作和毕业论文的压力。其次，北京冬奥会的周期很长，学校考虑到参与冬奥会可能会耽误我们年级完成毕业论文和毕业，所以就让我们自己进行考量。但我当初选择报考北京体育大学的原因就是希望能有机会参与到北京冬奥会当中，另外对于找工作和毕业论文的事情，我也有信心能够协调好，所以就十分大胆地报名了。最终我的报名也被学校通过，我顺利参与到北京冬奥赛事实习的项目中，成为国家高山滑雪中心的一员。

◎ 张婧娴在国家高山滑雪中心

意想不到的是，后来我找工作的事情还真的与冬奥会的实习工作安排有了一些冲突。当时我收到了一份还不错的offer，但这份offer不是在北京本地，后期要进行的面试要求我一定要到现场去参加。北京冬奥组委这边又规定所有的工作人员在此期间不能离开北京，所以我不得不和京外的这家公司沟通进行线上面试。之后经过了多次协商，我终于成功取得了线上面试的机会，也留住了冬奥会的实习工作。

冬奥会期间我遇到了之前在电视台实习时的老师，当知道她们也作为合作商为冬奥会工作时，我真的很开心，但有一点遗憾的是，我们没能分到同一个项目中。那时我就发现，体育新闻的这个圈子真的好小，很多相关的工作人员我在之前的工作中都有遇到过或者合作过，他们在这个领域里深耕多年，有着丰富的体育新闻报道经验。我很希望自己也能够在体育新闻这个领域坚持下来，成为像电视台老师那样专业的、资深的体育新闻记者。我想我至少已经在路上了，相信经过不懈的努力，未来，我一定会实现这一职业理想的。

从秋到冬，见证"海坨"变迁

我负责的赛区是在北京延庆，负责的项目是高山滑雪项目。高山滑雪的比赛在海坨山上进行，所以在比赛开始前的半年时间里，我作为摄影部门的实习生就要到海坨山上的各个摄影点位去考察。这项工作的目的是让我们能够提前去确定好比赛时摄影记者进行摄影的点位。进入海坨山后，能很清楚地看到秋天海坨山的风景。那时候的山一整片都是绿油油的，到后来冬天比赛的时候，变成了白茫茫的一片。这半年来，看着海坨山从秋天进入冬天，我在心境上也跟随着海坨山的变化而变化，这是一种非常特殊的感受。另外，我刚到海坨山的时候，工作的场馆媒体中心还是一个大土坑。当时我们还特意站在场馆媒体中心的大土坑里拍了一张照片。后来，伴随着我们整个考察的进行，场馆媒体中心顺利建成。冬奥会前期，我们的场馆媒体中心顺利开始运营，直到完成整个冬奥会的使命。陪伴场馆媒体中心成长的过程让我有很大的成就感，这种感觉就像在游戏里面闯关一样。

当然，能见证这一路的变化也是我们实习主管与其他志愿者工作的不同之处。首先，从时长上看，主管最少在半年前就要到海坨山进行考察、工作，参与赛前规划到赛后的全部过程。甚至有些主管在2018年、2019年就来参加场地内举办的测试赛，已经在这里待了一两年的时间。而志愿者只需要进行赛时服务，一般在比赛前半个月才来，到比赛结束后就会离开。

◎ 海坨山比赛场地从秋天到冬天的对比图

其次，从工作内容上看，志愿者的工作更多是进行一些志愿服务，给摄影记者提供一些必要的引导和帮助。而主管的工作任务会比志愿者的更重一些，需要在志愿者进入闭环后对志愿者进行整体的统筹和管理，同时还需要负责一些后勤保障工作。比如我们高山滑雪中心的摄影团队有两个摄影主管，我们两个主管会各自负责一部分志愿者。一方面，我们需要在赛时为志愿者沟通和对接非常重要的三个部门，分别是住宿、餐饮和交通部门。住宿一开始会比较麻烦，但后来随着人员的稳定就会好很多。交通和餐饮部门的工作比较琐碎，要求我们主管每天去整理和汇报。另一方面，在比赛的时候我们高山滑雪中心的赛道是分为竞技赛道和竞速赛道两条赛道的，我们两个主管会分别带领志愿者各自负责一条赛道。但如果一条赛道没有比赛的话，负责没有比赛赛道的主管就会去协助有比赛赛道的主管。

"雪山"行路难

2022年1月23日是我正式进入闭环的第一天，经过前一天搬入宾馆的"兵荒马乱"后，我们团队正式开启了赛时模式。也是从那天起，我们开始了每天凌晨五点就要起床工作的漫漫征途。刚开始那几天延庆赛区下起了中雪，雪花把海坨山装扮得格外富有诗意，在上班的途中，我们坐在缆车上俯瞰场馆，四面都是白雪覆盖的大地。

从落客区到场馆媒体中心需要穿雪道而行，所以当时我们进行物资的搬移并不能有效借助车辆，只能靠块板子在雪上托拽移动。因为属于赛前准备时期，我们团队的主要工作是进行场馆媒体中心的布置，同时按照疫情防控的要求，我们要在几天时间内完成赛时饮用水、防疫用品、食品等各方面物质的领取和安置。虽然听起来都是些毫不起眼的琐事，但实际完成过程中就会发现，这真的是一个十分巨大的工程。光是搬运口罩就用了我们整整一天的时间，更不用说非常重的饮用水了。而且在我们媒体领域女生居多，仅有的几名男生出力最多，当时真是把他们累得够呛。那几天虽然很累，但我们看着场馆媒体中心一天天完善起来，内心还是很满足。从一片荒芜到初具雏形，每一步的建设都离不开我们团队成员的共同努力。我觉得任何伟大的工作，都需要像搬运这样无数不起眼的小事在背后作为支撑，都需要像我们一样默默奉献的小人物在背后付出。

区别于其他媒体业务的只有场馆媒体中心一个工作场景，摄影业务领域还需要负责确保赛道沿线及结束区摄影点位的正常运行。高山滑雪项目赛道极其陡峭危险，因此赛道的摄影点位主要由滑雪水平较高，具有资质的摄影经理和副经理负责，而我们两位主管主要负责结束区的摄影点位。有一次，海坨山连续几日的大雪将许多原本已经搭建好的摄影点位通路覆盖住。我们团队的刘蒲宇经理就冒着零下二十几度的严寒，靠着一把铁锹，硬生生地加班挖出了一条雪阶梯，只是为了方便赛时摄影记者的通行，这令我十分钦佩。另外，在冬奥会摄影服务中，有几家媒体是拥有优先级和特殊服务的Pool摄影机构，它们分别是美联社、法新社、路透社、盖蒂图片社、新华社和国际单项体育联合会及国际奥委会。我们团队的其中一项工作就是设计并打印它们的桌签，然后在提供Press+服务的摄影平台为这些媒体预留摄影位置。零下二十几度的天气里，这项工作并不容易，因为天气太冷，固定摄影标识的扎带十分脆，基本上报废10个才能扎成一个，等到结束这项工作的时候，我的手已经冻僵了。在进行这项工作时，每家摄影媒体的位置都需要我们仔细考量，这是对我们前期对接工作的一项考验，因为不同摄影媒体的需求有共性的，也有个性的，需要我们进行多方协调，尽量满足各家媒体的需求。

高山滑雪中心的条件算是所有场馆里最恶劣的。比赛快要结束前的几天，大雪把我们之前废了好大力气挖的雪阶梯给覆盖了。在清除积雪后，为了摄影记者的安全考虑，我们为他们提供了冰爪租赁服务。许多摄影记者会觉得他不穿冰爪也能上去，不想那么麻烦，但我们还是需要尽到提醒义务，事实上大部分记者还是很配合的。穿冰爪对我而言真的是一个很神奇的体验，穿上之后在雪面上爬坡安全多了，感觉很有意思、很新鲜。我第一次在外面站完了全程，体验了好久，冰爪都舍不得脱。还好这次我们前期的专项物资准备很充分，所以在面对大雪的特殊情况下，才有充足的冰爪储备来保障摄影记者的安全。

闯过冒险第一关

北京冬奥会开幕式结束后不久，我们所在的国家高山滑雪中心就要迎来第一场比赛。可就在比赛前几天，一位摄影志愿者因为要赶到2号地坐班车，在冬奥村爬楼时被结冰的楼梯影响，摔了一跤。医生诊断为骨折，需要立即做手术，所以她最后不得不退出了冬奥会志愿服务的工作。这位志愿者十分优秀，之前还被大家推选为组长。虽然每个人都对她的退出感到惋惜，但冬奥会的比赛必须要继续进行下去，所以我们立刻找志愿者部门补充了一位储备志愿者。志愿者部门的效率很高，我们前脚儿刚选完人，他们后脚儿就把这名同学直接带来了场馆，丝毫没耽误团队的工作安排。

冬奥会开幕式后的第一个开赛日很快就到了，那天是2022年2月6日，比赛正好在我负责的竞速赛道举行。可是天公不作美，因为大风天气的影响，首个比赛日的高山滑雪男子滑降比赛（简称男子滑降比赛）就宣布延期，我的不少同事都戏称这天是"一炮打哑"。虽然延期对于高山滑雪项目来说非常普遍，赛道上的各部门前期也都做好了充分的预案，可谁都没想到大家在第一天就"中奖"了。俗话说"一鼓作气，再而衰，三而竭"。我当时很担心延期这件事会影响到我们团队的士气。但当时来到场地准备报道高山滑雪这个项目的资深记者都很有经验，对延期的情况见怪不怪，所以团队的成员受他们激励，也冷静了很多。经过当天下午的开会研讨，我们决定将比赛延期至第二天，但第二天同时还要进行高山滑雪女子大回转项目（简称女子大回转）的比赛，所以第二天比赛的运行压力将会非常大，而且还会涉及转场的问题。这些对我们团队而言是一个不小的挑战，如果我们能顶住第二天的工作压力，那之后的赛事服务工作就简单很多了。

第二天女子大回转的比赛，分为上午和下午两轮，延期的男子滑降比赛被放在了两轮比赛之间的中午。女子大回转比赛在竞技赛道，而男子滑降比赛在竞速赛道，这就涉及我们摄影团队在两个赛道结束区的转场问题，所幸我们团队的工作人员和志愿者都各司其职、合理分工、配合默契，圆满完成任务。

◎ 张婧娴与高山滑雪赛道的合影

当天的男子滑降比赛中，中国选手张洋铭非常遗憾，没能顺利完成比赛，但另一名中国选手徐铭甫最后一位出场且顺利完赛，完成了中国选手在这个项目上的首次亮相。对于中国的高山滑雪比赛来说，这是巨大的成功，因为我们和北欧冬奥滑雪强国比起来，确实存在比较大的差距。我们的两位运动员能够让冬奥会高山滑雪赛场上出现中国人的身影，对我们中国人而言就是这场比赛的最大意义。在他们比赛时，我看着结束区看台观众席上挥舞的五星红旗，听着大家热烈的加油声，心中涌起了无限的感动。当中国选手最后一跳冲坡下来时，现场还飞扬起了一阵雪花，一瞬间，我的眼眶就湿润了，既是被体育精神感动，也是为祖国自豪的激动。我想，体育，永远都会有这样凝聚人心的力量。

使命冬奥,人人奉献

  国家高山滑雪中心里雪下得很大,这给赛事报道工作带来了很大的难度。高山滑雪的赛道全部都采用人造雪,天然降雪其实对比赛是有阻碍的。竞技赛道高山滑雪男子超级大回转(简称男子大回转)比赛那天,比赛就快要开始了,可雪反而越下越大,在场的所有人都十分担心比赛会不会又延期。但好在男子大回转比赛受下雪的影响不大,尽管雪越下越大,最终还是照常开赛。在大雪里比赛也是别有一番风味,可这对摄影记者却是一个极大地挑战。为了抢占到合适的摄影点位,他们得提前一个多小时到达点位,并且到了点位就不能动,在零下二十几度的严寒里,每位摄影记者都需要扛着几十斤重的摄影器材在户外站好几个小时,真的很不容易。

  2月9日比赛的颁奖仪式结束后,我们赛区一位路透社的记者不小心在拥挤中滑倒了。为了保护自己的摄影器材,他的头被磕破,看起来非常严重。现场工作人员立即联系了医疗服务,把受伤记者送到延庆冬奥会专区医院,并且专门调了一位医术精湛的医生给他缝针。当时这位记者不停地夸赞我们中国工作队的及时处理,还分别对医护人员表达了感谢。因为处理比较及时,这位记者休息了一天就重新投入到赛事的报道中。这位摄影记者的敬业精神让我们十分敬佩。

  有一天雪下得很大,我们团队就到评论席顶楼最高的一个平台去观察比赛情况。我在那里遇到了一位环卫大爷,他专门负责清雪和垃圾转运工作,这是场馆里最脏、最累的活。一开始这位大爷只是被领导安排上来把积雪铲掉,他也默默地在一旁干活,什么话也不说，大家就都没有注意到他。直到比赛开始后，我们看到一些参赛选手从山上滑下来，远远地也看不清他们具体是谁，叫什么名字。但大爷就如数家珍似的，将这些参赛选手介绍得头头是道，并且对赛场形式也把握得十分准确，这才让大家关注到他。大爷告诉我们，他年轻的时候是击剑运动员，来这里做环卫工人是为冬奥会做志愿服务，为国家做贡献。延庆雪下得大时，为了保障比赛正常运转，他经常会半夜起来清雪。为了完成好工作，大爷已经很久没有好好休息了。听完大爷的故事，我十分感动。一句简单的"为国家做贡献"，背后隐藏的是对祖国浓浓的情谊。这种对祖国纯粹的爱令我动容，而这样默默无闻、全力奉献的人在冬奥会赛场上数不胜数。

赛场外的冬奥时光

闭环内的条件有限，特别是比赛前夕，时间紧张，人人都忙于冬奥会的相关工作，几乎到了忘我的境界。1月29日是我的生日，我原本不打算将这件事告诉大家。但是很久以前北京冬奥组委就统计了每个人的生日信息，到生日前就会给我们发祝福信，所以大家也都知道了我的生日。当天一早，我醒来后就收到了很多来自同事和朋友的祝福，当时觉得原来被人惦记和关心是一件这么幸福的事。晚上，我们结束了一天的工作，团队的所有人都聚到了我的房间为我庆祝生日。因为闭环内买不到蛋糕，大家就凑了一点零食，还特意用好丽友派充当蛋糕。我的好朋友"哆啦A梦"然子居然还拿出了蜡烛，让我的这个生日一下子就充满了仪式感。蜡烛熄灭的那一刻，我许下了生日愿望：希望冬奥会圆满结束；大家前程似锦；我们友谊长存。这个生日可以说是我过得最难忘的生日。

◎ 特殊的生日蛋糕

今年的除夕也和往年不同,是我第一次没有回家过年。或许这就是长大成人吧,我们奋斗在远方,牵挂着家乡。白天依旧是紧张忙碌的筹备工作,甚至连午饭都忘了吃,只是泡了一碗泡面了事。如果不是家里发来了春节红包,我都快忘了那天是除夕。晚上在餐厅简单地吃了一顿工作餐,还在餐厅写了春联,就算是参与了新年。那晚我没有参加团队组织的联欢晚会,就回房间看电视。其实我没心思看春晚,而是给家里打了个电话。那时候我真的好想我的爸爸妈妈,他们永远无条件地爱我,永远以我的想法优先。尽管今年过年没有回家,但他们依旧为我准备了过年的一切。

我有幸去现场观看了冬奥会闭幕式。在现场观看和在电视上看有很大的区别。电视上的很多特效在现场是感受不到的，而且在现场能更直观地感受到一种强烈的世界人民大团结的快乐。比如运动员入场的时候，会发自内心地感受到这个世界可以那么纯粹地凝聚在一起，共同为彼此的欢乐而欢乐。而在电视上看开幕式的激动更多是来源于我对张艺谋导演会怎样呈现开幕式的期待。看完整场开幕式，让我印象最深刻的是"格局"。开幕式贯彻了节俭办奥的理念，无论是节目设置、演员规模还是圣火点燃方式都简约而不失精彩。主火炬就是最后一支圣火的绝妙设计，更是将"格局"二字体现得淋漓尽致。

冬奥会期间有一个十分有趣的社交活动——交换徽章，遗憾的是我前期没有买徽章，看到志愿者们一直在交换徽章，特别羡慕。后来，一位可爱的志愿者小妹妹给了我一枚意大利记者发的小徽章，我终于有了冬奥会的第一枚徽章，我特别喜欢，感谢我们的志愿者小妹妹。当时场馆防疫部门还特别提醒我们，在交换徽章的同时也一定要保持社交距离，做好消毒工作。交换徽章是奥运会的传统，也是一种文化交流，文化交流与沟通也是奥运会十分重要的一环。

冰墩墩真的是在冬奥期间火遍全网，有好多熟的、不熟的朋友，都来让我帮忙代购冰墩墩。但其实我们工作人员在环内也是没机会买到冰墩墩的，环内也一样"一墩难求"。不过在观众看台倒是遇上了我们可爱的冰墩墩人偶，借此机会我还和我们的"顶流"互动了一番。在我们场馆媒体中心也有很多冰墩墩元素，比如冰墩墩贴纸、冰墩墩气球、冰墩墩福字、冰墩墩海报等。大家都好喜欢"顶流"，我们场馆前台摆放的冰墩墩玩偶更是成了许多记者的打卡合影点。

"乱乱哄哄，圆满成功"

其实在冬奥会结束很久后，我才认认真真打开相册去回顾冬奥会发生的事情。当看到国家高山滑雪团队的大合照时我很感慨，我们团队从开始勘探时只有3人，到后来志愿者来了有20多人，再到外国专家的加入，整个团队在逐渐壮大，大家的配合也越来越默契。虽然进入闭环后只有短短的一个月时间，但是彼此之间产生了深厚的战友情。通过冬奥会这个平台，让我结识了很多优秀的朋友，也从他们身上学到很多，这就是大家的互相成就吧！最后一天，我们所有人在一张海报上签名留言，留下了我们对冬奥会最美好的祝福和记忆。

不过当时除了离别的伤感，我的内心还有一丝担忧。因为我们的摄影外国专家Francis只负责冬奥会期间的工作，在冬奥会结束之后他就要回法国了。Francis是一位有着丰富摄影经验的外国专家，出生于1957年，对我而言算是爷爷辈的长辈了。他有很多届冬奥会摄影的经历，可以说对于冬奥会的摄影工作是驾轻就熟，所以冬奥会期间的整个摄影工作我们并不是很担心。但是Francis离开后，整个冬残奥会期间的高山滑雪摄影工作就要我们独立完成，这对于刚刚有一个月高山滑雪摄影经验的年轻团队来说任务艰巨，怎样在冬残奥会交出一份完美的答卷，对我们而言是充满了未知与挑战的。

参与冬奥会，让我收获了很多。首先是英语沟通方面，我曾经对自己的英文水平没有那么自信。但是冬奥会后，我发现很多时候英语说得好不好，是取决于你的自信。有时候你可能觉得自己说得不好，但是一旦到了那个场景里，进步就会非常的快。然后是自律性方面，直到冬残奥会结束，连续两三个月都是每天早上五点起床，坐一个小时班车，再坐半个小时的缆车到服务点，之后再忙一整天直到晚上回驻地。真的是对一个人精神和体力的极大考验，所以我很佩服包括我在内我们团队每个坚持下来的人。

用团结守护微光

如果说冬奥会过后我感受最深的是什么？我想，对于一个参与冬奥会的非运动员而言，就是奥林匹克精神。奥林匹克运动这个联结，让我们所有参与到冬奥会中的人都感受到这个世界是可以充满爱与和平的。在整个冬奥会期间，我们能听到来自世界各地的声音，虽然也会有一些声音是充满对立、不和谐的，但是当我们在每一场比赛中，看到运动员们共同向着"更快、更高、更强、更团结"的目标而奋斗的时候，我们会强烈地感觉到，无论是哪种肤色、哪种语言、哪种民族的运动员，都会团结地站在一起，用实际行动对抗不公与分裂。奥林匹克运动让各个国家的人都变得纯粹起来，无论在冬奥村还是赛场，那种世界人民大团结的氛围，能够深深地感染每一个人。奥林匹克运动让所有的人相信，这个世界是向着美好方向发展的。

就像冬奥会开幕式的最后一支火炬，它向世人证明：只有团结一致，才能守护好人类文明之光。世界需要和平，人类必须要团结，全世界人民应该携起手来，一起向未来。

北京冬奥会的见证人与守护者

——李青昕服务北京冬奥会口述实录

口　　述：李青昕　2018级　网络与新媒体专业
服务岗位：媒体运行领域摄影运行助理
整　　理：梁琰　2022级　新闻与传播专业

个人简介：

李青昕，北京体育大学新闻与传播学院2018级网络与新媒体专业学生。2021年，被北京冬奥组委选为国家体育馆专业志愿者，并完成相关考察与学习；2022年北京冬奥会期间，作为国家体育馆专业志愿者，出色完成任务，并参与了CCTV-6（中央宣传部电影卫星频道）新媒体节目。

岗位介绍：

媒体运行领域摄影运行助理采取轮班制，主要参与摄影工作间、摄影位置和媒体验证点三个部分的所有岗位的工作。其主要工作内容为引导摄影记者、维持场馆秩序、及时更新信息以及提供基本便利性服务，以帮助摄影记者更好地完成工作。

贯穿冬奥始终的成长之路

我所服务的领域是媒体运行领域摄影运行，摄影运行领域主要是帮助来自世界各地的摄影记者更好地完成工作。在人员来源方面，整体的摄影运行分为摄影经理、摄影副经理以及FOP区域（竞赛及直接相邻和周边的保障场地，与观众区域有边界分离）主馆和摄影运行助理三种人员，我所担任的就是摄影运行助理一职。摄影领域的志愿者采取轮班制，每一位都会轮到所有的工作岗位，包括摄影工作间、摄影位置和媒体验证点三个部分，我也在此次冬奥会中参与到了所有这三个部分的工作。

摄影运行服务岗位要求志愿服务人员密切配合、通力合作，做到信息的及时更新、场馆秩序的维持以及完成一些基本便利性服务的保障。摄影工作间的工作内容比较琐碎，主要包括：为摄影记者提供相应的咨询服务；维持摄影工作间的秩序；打印储物柜申领表，向摄影记者发放储物柜钥匙，并做好记录，提醒记者非过夜柜务必当天归还钥匙；打印袖标更换表，完成辅助通行物的发放和更换工作，并做好记录；打开所有CATV电视机；打印志愿者每日签到表并调整每个人的上岗离岗时间；每日更新白板信息；每日成绩单复印和分发，打印之后放到成绩公报柜；汇总摄影记者到馆人数；收集并妥善保存每日表格，在储物柜申领表和袖标更换表上写明日期和负责的同学等。摄影位置的工作内容主要就是引导记者到达相应点位、维持摄影秩序、落实防疫要求（比如使用摄影点位前用酒精湿巾进行消毒、严格遵守隔二坐一的要求）。而媒体验证点的工作相对轻松，主要就是与安保人员协作验证人员身份和引导摄影记者前往训练馆两个方面。

我之前参加了2021年4月的"相约北京"测试赛，测试赛结束后，我就一直期盼着有朝一日能够以一名正式的冬奥会志愿者的身份再次回到场馆为祖国做贡献。在进入闭环的第一天，我暗暗发誓：一定不辜负党和国家的期望，恪尽职守，用自己最好的状态服务冬奥，奉献冬奥。

我还记得在到达场馆的第5天，我们所做的所有准备终于得到了肯定的回答。当来自世界各地的摄影记者第一次进入我们摄影工作间，并且向我们询问路线、核对信息的时候，我们感觉到无比自豪与骄傲。这是我第一次用自己不太熟悉的语言、在自己不是非常熟悉的场馆中为摄影记者服务，有些时候我们并不能完全听懂他们所要表达的意思，但是我们会使用其他的方式（例如手势等）慢慢了解对方，以达到良好的沟通效果。

在工作中我也遇到了一些困难，在自己的消化和团队的配合下，我得到了成长。

第一是语言方面。在开始志愿服务之前，北京冬奥组委和学校对我们进行了一些培训，有通识的部分，也有专业领域的部分。通识的课程包括对于整个冬季运动项目的介绍，对于中华文化，尤其是对于北京、延庆、张家口等地区文化的介绍，以及一些语言方面的培训。专业领域的部分，在我们进入了闭环，和部门经理取得了联系之后，有了比较系统的学习，这部分主要是实操课程。

令我印象比较深刻的是我们旁听的一节语言服务部门的课，语言服务部门主要提供一些翻译和语言上的支持。在旁听之前，我们一直都觉得自己既然是大学生，又通过了北京冬奥组委的选拔，应该是具备一定的语言能力的，但是当我们真正去旁听了语言服务部门的课程，才发现自己有非常多的不足。比如播放同一段采访视频，在我们只能听出40%左右的内容，很多内容还需要猜的时候，语言服务部门的同学就可以完整地把意思顺下来了，这让我们看到了差距，也知道了自己努力的方向。虽然我们的工作并不是大范围的语言服务，但是这也提醒我们需要加强语言的学习。

虽然我们平时用的语言都非常简单，交流的人群也相对来讲比较固定，都是摄影记者，但是也会遇到一些小麻烦。由于我们所服务的摄影记者不全是来自英国、美国或者澳大利亚等英语国家，还有很多东欧国家的记者，他们的英语发音和语调各不相同，我们要辨别出他真正想询问和表达的意思比较困难。一开始我们会努力地去听，但是后来发现这样做的效率比较低，后期我们调整了策略，我们会反客为主，如果听不懂他们说的内容，我们可以主动询问他们可能需要的一些服务，比如"您需要这场比赛的参赛名单吗？"或者"您是需要预约FOP的场地位置吗？"这样去问了以后，他们反而能更好地适应我们的节奏。

第二是引导问题。不同领域交叉的记者可能会找到我们，有可能是电视记者、出镜记者，也有可能是文字记者，有的时候甚至是奥委会的官员，他们大多是因为走错路线，误入我们的领域之内。这时候就需要我们对其他的领域也有相应的了解，以便及时找到负责他们的部门。在大家眼中，志愿者就应该知道所有的事情。但是对于专业志愿者来讲，可能摄影志愿者只知道摄影相关的事情，对于文字的具体的操作以及奥委会的一些安排，我们其实也不是很了解，这时候就需要我们进行快速地、及时地反应和跨部门沟通。大家慢慢磨合熟悉之后，也会有一些预案。在我们更改了几次流线、多增加了几处标识之后，这样的情况也得到了比较好的缓解。

在这过程中，我找到了志愿服务的法宝——微笑。淘汰赛开始后，有些记者的情绪比较激动，他们很有可能会因为找不到摄影位置而对我们发脾气，有可能也有其他领域的工作人员因为找不到志愿者而向我们求助。但因为工作范围的不同，有的时候这些问题并没有得到十分高效的解决，所以会发生一些不愉快。任何工作都不能一蹴而就，相比于赛前我对于自己储备知识和英语语言的担心，我发现更重要的是需要有一个良好的心态去面对记者的各种问题，保持一个乐观和友善的态度去微笑服务、微笑待人。比如在维持场馆秩序时，我们劝离了一些来自拉脱维亚的运动员，令人惊喜的是，他们拿出了他们冰球队的徽章与我们进行了交换，也就比赛内容和我们有了一些交谈。我们相处得十分友好，对彼此的国家也有了更进一步地认识，这就是微笑服务给我们带来的友情。我们希望我们的微笑能够成为北京的一张美丽的名片，或许我并不能够直接解决问题，但真诚和微笑是我带给冬奥同僚们最好的礼物，真诚希望每一个温柔而努力的人都能被善良以待，希望我们内心中的炽热能够融化语言和文化隔阂的坚冰。

我们知道，北京冬奥会筹备到一半的时候，新冠肺炎疫情突发，全世界都笼罩在"北京冬奥会能办不能办？怎么办？"等疑问之中。最终北京冬奥会能如期举办，少不了防疫工作人员的努力。场馆承办大赛的人员构成是相对来讲比较复杂的，官员、运动员、志愿者、观众、媒体以及餐饮、勤务等领域的工作人员，这些领域是交错在一块的，这给防疫工作带来了极大的挑战，我们需要多方协调。即使到了赛时，我们也经常拿着各种各样的路标、牌子去改我们的动线。动线改了非常多次，包括在冬残奥会的时候有一些残疾人记者来，我们还要再在场地上进行无障碍的改造。所以整体来讲，场馆的流线就变得非常复杂。因此，"行动听指挥、行程有报备"是保证闭环的基础，而安全牢固的闭环又是办好一届精彩安全的奥运盛会的基础。我们也经过了好多次的磨合，在工作中，有很多次我都走到了错误的流线，为了避免记者也经历同样的困难，我们特意打印了标识，希望能指引记者。我们这些志愿者眼睁睁地看着场馆从什么都没有，被一次一次地更改、试运营，到最后完美完善，这个过程是很美妙的。

在这个过程中，会有极个别的记者不够配合我们的防疫要求，我们其实只需要多沟通就好，因为防疫政策是为大家好的。为了让他们更方便，我们也开辟了很多的区域，在各个地方都备了相应的口罩以及一些消毒物品，其实这些在记者的工作守则里和他们前期的入岗须知里写得很清楚，所以后期给我们的压力并不算特别大。

北京冬奥会的志愿服务之旅，也是我的成长之旅。

我的成长之一——学会抉择。从决定进入北京体育大学读书的那一刻起，我就开始关注各类的体育比赛，像奥运会这种世界性的、国民度很高的大赛我更是重点关注。整个北体大校园里面的LED大屏、宣讲会里的故事，还有周围同学的关注点都和体育相关，在这种环境里面，不知不觉地，我也就会对体育和体育赛事越来越感兴趣、越来越向往。在我2018年9月进入北京体育大学时，北京冬奥会也进入了筹备阶段，这么一个重大的赛事一下子提起了我的兴趣，由于自己本身的专业也跟体育赛事非常相关，所以从那时起，我就很向往能够参与到这种大型赛事的志愿活动中。

但是冬奥之梦和考研撞了车。在我准备考研的时候，北京冬奥会志愿者的所有培训和考试都与考研复习同步进行，虽然考研复习已经占去了我的大部分精力，但是我还是花费了相当的精力去准备这些培训和考试。我每天早早去图书馆复习考研，晚上回到宿舍，还要看线上的志愿者培训课程，有时还需要去参加一些线下培训，有些力不从心，虽然考研很重要，但是考研其实每年都有机会，北京冬奥会的机会就只有这么一个，所以最后我还是选择报名参加北京冬奥会志愿者。

我的成长之二——学会尊重。我们工作的最后一天是冬残奥会冰球项目决赛，中国队在此前获得了铜牌，要参加决赛后的颁奖仪式，所有中国运动员在领奖之前就暂时来到了我们所在的摄影位置去观看比赛。很巧合的是，那天我的排班正好在他们所去的那个摄影位置，所以我就在那里偶遇了我们中国队的运动员，我跟他们每个人都打了招呼，觉得非常有力量。

之前没有参加冬残奥会的时候，我看到一些残疾人同胞会觉得他们非常可怜，但是在冬残奥会上，当我看到运动员们虽然身有残疾却依然能把运动做得很好的时候，我突然发觉，有时候我们的一些于心不忍或者是所谓的同情，或许对他们来说会是一种冒犯。在跟他们进行了近距离接触和了解之后，我只会觉得非常有力量，我们需要做的只是尊重，如果有必要再提供一些帮助。在北京冬残奥会上，我学会了怎样去看待我们生活中遇到的一些残疾人。

我的成长之三——学会冷静。北京冬奥会带给我很多东西：物质方面，我增长了各种各样的见识，也收获了非常多的纪念品和荣誉。精神方面，它带给我更多的是一种处世的态度：沉着冷静、认真理性。其实在工作中需要沉着冷静的时候非常多，但是相比之下，更多的是需要在生活中沉着冷静。我在这短短的几个月内，完成了太多的事情：独自收拾行李、独自去隔离、独自完成工作、独自与外国人交流、独自查询考研成绩、独自完成复试……在出发前，从工作设备、生活用品到学习、运动用具，基本上每一名同学都装满了两个大行李箱，为了保障闭环的正常运行，我独自备足了3个月的物资。虽然宿舍条件不算太好，但是在我和室友的共同改造下，也布置成了温暖的寝室。在这个过程中，我逐渐发现，自己的动手能力和想象力以及对环境的适应能力已经超过了我对自己的认知。这是一个让自己变得更自立、更理性的过程。

有趣的人点亮了我的冬奥之旅

在我的北京冬奥会之旅中，我遇到了太多有趣的人，他们带给了我温暖，教会了我很多。

我们在服务的过程中结识了非常多来自中外顶尖图片社、通讯社的记者，工作之余，他们会把相机借给我们去尝试。体育新闻中比较常用的摄影设备都是顶配的"机皇"，我们作为普通大学生都是久闻大名，但是从来没有拿到过真机。服务过程中我们有幸和一些摄影记者老师借来相机，还在他们的指导下进行了一些拍摄尝试。

和这些优秀的中外记者交流让我们很有收获。观察他们的工作状态，会发现他们事先都会进行踩点，会有非常好的流线规划，对抓拍、对一些精彩角度的选择都有着自己的门道，比如在FOP的区域就能拍出非常精彩的特写镜头。一般来讲，想拍出精彩的照片，比如经典的双方对射的镜头，最好是站在弱侧方的守门员这里进行拍摄，这就需要记者们在前期进行一些类似"押宝"的工作。我们可以看到，在赛前，摄影记者会反复对比数据去寻找合适的角度，以便抢到最佳的摄影点位。我们还发现，摄影记者在拍摄的时候非常专注，不会受太多的外界干扰。

有几位记者给我留下了比较深刻的印象，第一位是从测试赛就开始为官方采集图片的北青报的一位老师。他的姓氏非常特别，姓"黑"，我们都叫他黑老师。他一直拿着相机，默默地，不说话，每场比赛都不会缺席。第二位是一位日本记者，他看起来是很有威望的老先生，染了非常具有日本特色的红色波波头，向上、乐观、有活力，在最后合照的时候，他还提出来跟我们所有的志愿者进行一张合照，而且我们还在他的社交媒体上发现了那张照片。还有一位来自俄罗斯的记者让我记忆犹新。冬残奥会开始的第一天我就曾见过这位记者，他总是来得非常早，永远穿一身红色的衣服，非常有礼貌，安安静静地做自己的事情，他的记者工作做得相当完善。

当然，还有团队的温暖。

我们团队这几个人都没有离家过年的经历，今年过年，我们在酒店的房间里一起玩着游戏、喝着可乐看春晚，互道"新年快乐"的时候，是我感觉非常温暖的时刻，这些伙伴们在那个时候变成了我的家人。经过很长时间闭环内的相处，我们的关系和默契都更近了一步，交流也会变得更多。虽然我们不能在过年的时候陪伴在我们最亲的家人左右，但是好像在另一时空，又有了一群"家人"。最令我感动的是，学校还联系到我们的家人，为我们送上了一份惊喜——一封特别的信，它带着家人殷切的期待和祝福，跨越千里来到了还在闭环内的我们的手中，我瞬间感觉到自己十分幸福：我们在努力地爱着别人，背后的家人也在爱与守护着我们。

虽然依然身处于闭环之中，但年味儿并没有减少，我们收到了春联、灯笼以及福字等小装饰。食堂也为我们准备了十分丰盛的菜肴，还有热气腾腾的饺子。在其中我还发现了许多与我结伴同行的人们都在为着我们共同的理想在新春佳节这样特殊的日子里不停地奋斗着，这种温暖正如冬日中一份暖暖的饺子汤，并不是在味觉上的激烈浓郁，而是润物细无声，浓缩了无比精华的温柔守候。

我们的部门经理和副经理（两个姐姐）都是非常好相处的，她们总是能把我们放在第一位，什么事情都为我们考虑。大家也在工作的过程中对彼此有了更多的了解，默契也逐渐形成，高效开放、轻松愉悦的工作氛围贯穿了冬奥会始终。还有我们的部门主管Steve，他非常有意思，我们都管他叫"史老师"。史老师是个美国人，已经在美国比较大的通讯社干了二三十年的记者，拍过许多场大型体育比赛，比如奥运会、超级碗等，如今，他虽然从一名摄影记者变成了服务摄影记者的工作人员，但因为他曾服务过2018年平昌冬奥会，所以十分了解摄影记者的需求，在他的带领下我们团队很好地完成了各项工作。他非常热爱音乐，每天都会在工作间里播放很老的乡村音乐，他甚至可以把一首歌单曲循环20多天，是名副其实的"乡村音乐迷"。

在志愿者的团队中，毕业年级的同学会"抱团取暖"，因为我们当时很多人都选择了考研，整体来讲压力非常大。我们所有人的复试都在闭环里进行，初试成绩也在闭环里出，当时其实是在一个"与世隔绝"的状态。出初试成绩的时候，是我们刚刚结束冬奥会，要进入冬残奥会的这一段时间，当时的气氛特别紧张。我们坐在从场馆回驻地的班车上，陆续有人查到了初试分数，那个状态又诡异又紧张，我真的非常不想去面对，但是同学都保持了非常积极的状态。对于一些一时失利的小伙伴，我们都给予了很大的鼓励，他们也会很快把状态调整回来。在冬奥会到冬残奥会中间休息的这一段时间，有很多初试成绩不太理想的同学报考了一些单位的招考，并且已经开始了实习，也有同学加强了和记者老师的交流，还在报纸上发表了自己的文章。没有人沉浸在悲伤的氛围当中，所有人都以最好的状态去迎接了自己的新生活。仔细想想，虽然可能考研究生没有取得很好的成果，但是却都找到了自己的人生方向，这是最有趣的一件事情。

我在工作期间还认识了一位学长，他也是北体大毕业的，是2017级篮球专业的学生，毕业之后他来到中国国家男子冰球队做录像分析师。我们有两个服务场馆，一个是主场馆，另一个是训练场馆。在训练场馆的时候，冰面上特别冷，我就在那边蹦蹦跳跳，他会主动过来和我打招呼，会指给我看我们国家的冰球运动员、介绍他们的相关情况，那是一种非常有自豪感的状态。我很羡慕他，年纪轻轻就能到国家队里工作。

我还和一位来自北京市西城区的老警察进行了交流。他曾经经历过很多大型活动，也十分懂得与他人的交往与相处之道。虽然我们之前并不认识，但是他身上的亲和力以及对待工作的热爱与真诚让我们十分敬佩。他会用并不流利的俄语同来自俄罗斯的运动员打招呼，还会跟他们进行交流。他鼓励我们也要多和外国朋友多交流、打招呼，希望我们能够展现出作为东道主的风采。

北京冬奥会：让世界更懂中国

"沟通、包容"是在我的经历下赋予北京冬奥会的关键词，这是整个世界的沟通和包容。沟通是包容的前提，有了相应的沟通、交流，我们才能更好地去包容别人，因为有了沟通，我们才能理解别人，有了自身的素养，我们才能选择去包容别人，求同存异，才能更团结，这是连续的逻辑链条。整个冬奥会做得就非常"沟通和包容"，部门与部门沟通和包容，国家与国家沟通和包容，文化与文化沟通和包容，这也是奥运会存在的意义，是北京冬奥会获得相关官员一致好评的原因。中国是沟通和包容的国家，她能温和地去接纳、理性地去思考、平和地去看待、友善地去对待。

冬季运动项目一直以来都被视为发达国家的运动，在经过一代又一代人不断地奋斗、努力之后，我们终于有机会能够主办一届冬季奥运会，能够在冰雪运动上走出国门，与世界接轨。中国在北京冬奥会的细节上不遗余力地展示自己，这一点也体现在了志愿者的工作中。比如在记者正式进入摄影记者工作间前，我们对工作间进行了布置，主要选择"冬梦"和冬奥会吉祥物冰墩墩的形象海报，以及冰墩墩形象的气球，为来自世界各地的记者营造了冬奥的赛事氛围，更好地展现了赛事面貌。在这些天的工作中，我不仅仅感受到了冰雪运动的热情，还体会到了"绿色办奥"的理念，这从场馆日常运行的垃圾分类政策中就可以了解一二。绿色办奥，我们真的做到了！

同样向世界展示中国的还有中国国家男子冰球队。

在经历了多场的失利之后，中国男冰迎来了最后一场比赛，我还记得教练在赛前最后的训练中对队员们说的话："我们不能接受0∶5的成绩，我们需要在每一次抢断、推进、射门中打出骨气，尽管我知道这很难伙计们，但我们要赢下这场比赛。"虽然教练使用的语言是英语,但我也从他和队员们坚毅的眼神中看到他们对胜利的渴望。虽然最后一场比赛我们的中国男冰以五分的分差落败,但是他们打进了冬奥会上的第一粒进球,书写了历史。这对于每一个中国人而言,都是无比兴奋与自豪的时刻。希望能有更多的中国孩子能通过这次冬奥会认识冰球这项运动,加入冰球这项运动,爱上冰球这项运动。

◎ 开幕式开始前,李青昕拿着请柬在鸟巢前自拍

我们可以感受到这届冬奥会无论是从开、闭幕式的设计上，还是从平时的赛程安排上，最大的特点就是温暖，包括我们火炬的寓意——"我们心连着心"。在整个过程当中，所有人都是以非常平和的状态去相处，这种平和的状态也会影响到非常多的外国来宾。北京冬奥会是"宏大而温暖"的，是向善的，是温暖的，是追求平等、追求团结的。

幸运的是，我通过抽签获得了去2022北京冬奥会开幕式现场观看的机会。我们是完成一天的工作后才去现场的，有班车直接送我们到鸟巢，从国家体育馆到鸟巢其实也非常近。进场前，我们拿到了观众礼盒，礼盒里面有国旗、帽子、手套、保暖的毯子、口罩、坐垫、暖宝宝等，很贴心。

我很有幸能见证一场属于全世界人民的浪漫盛会。看着鸟巢的辉煌灯火、志愿者盈盈的笑脸以及全世界的运动员为此次盛会做出的辛苦努力和付出，我倍感激动。国旗升起的那一刻，对我来说是很震撼的。之前虽然也去过很多次鸟巢，但是在鸟巢观看升旗仪式还是第一次。当国旗传递到升旗手的手中，升旗手把国旗扬起来那一刻，能容纳几万人的鸟巢体育馆里响起了国歌，我的眼眶一下子就湿润了。中国体育代表团出场的时候欢呼声是最热烈的，我们手里的小旗子都快摇坏了。我们知道，鸟巢其实是露天的场馆，开幕式又是在2月，还是很寒冷的。但是中国队一出场，我的整个身体都沸腾了，被点燃了。我疯狂地摇旗帜、疯狂地欢呼、疯狂地鼓掌。

在点燃火炬之前，北京冬奥会开幕式的点火方式一直是一个悬念，我们进场之后也在找火炬塔，但是一直都找不到。当由各个国家名称组成的雪花在场馆中缓缓立起的时候，这种让人震撼的场景真正体现了奥林匹克"更快、更高、更强、更团结"的精神。北京成为世界上第一个"双奥之城",而我们也有幸成为第一批在一线见证盛世奇景的志愿者。

何其荣幸,我能参与到一届精彩共享的冬奥会中,为奥林匹克事业、全球的和平发展事业、人类命运共同体的事业贡献出自己的一份力量。生于一个伟大的时代,背靠着强大的祖国,面向着美好的未来,我们每一个人都比任何时候更加坚定信心,请党放心,强国有我!